기적의 동사 변화 트레이닝

주선이 지음

길벗스쿨

ㅌ리텔링을 전공하고, (주)대교와 (주)엔엑스씨(NXC), (주)캐치잇플레이 등에서 근무했 ㅓ 교재를 집필하고 애니메이션 및 모바일 학습 앱 '캐치잇 잉글리시'를 개발했다. 교육 ㅣ합하는 에듀테크 전문가로 현재 유아용 디지털 교실영어 '플라잉'을 개발 중이다.

ㅣ로는 〈기적의 사이트 워드〉, 〈기적의 영어문장 만들기〉, 〈기적의 맨처음 영단어〉, 〈기적의 영 트레이닝〉, 〈초등 영어를 결정하는 파닉스〉, 〈초등 영어를 결정하는 영문법〉, 〈가장 쉬운 초등 기 따라 쓰기〉 등이 있다.

기적의 동사 변화 트레이닝
Miracle Series – English Verb Forms

초판 발행 · 2020년 12월 10일
초판 8쇄 발행 · 2023년 10월 18일

지은이 · 주선이
발행인 · 이종원
발행처 · 길벗스쿨
출판사 등록일 · 2006년 7월 1일 | **주소** · 서울시 마포구 월드컵로 10길 56 (서교동)
대표 전화 · 02)332-0931 | **팩스** · 02)323-0586
홈페이지 · www.gilbutschool.co.kr | **이메일** · gilbutschool@gilbut.co.kr

기획 및 책임 편집 · 이경희, 최지우(rosa@gilbut.co.kr) | **영업마케팅** · 김진성, 문세연, 박선경, 박다슬
웹마케팅 · 박달님, 권은나, 이재윤 | **제작** · 김우식 | **영업관리** · 정경화 | **독자지원** · 윤정아

편집진행 · 최주연 | **디자인** · 윤미주 | **전산편집** · 기본기획 | **삽화** · 권효실 | **영문 감수** · Ryan P. Lagace
인쇄 · 상지사피앤비 | **제본** · 신정제본 | **녹음** · 와이알미디어

ISBN 979-11-6406-275-1 64740 (길벗 도서번호 30479)
정가 13,000원

제 품 명 : 기적의 동사 변화 트레이닝
제조사명 : 길벗스쿨
제조국명 : 대한민국
전화번호 : 02-332-0931
주 소 : 서울시 마포구 월드컵로 10길 56 (서교동)
제조년월 : 판권에 별도 표기
사용연령 : **10세 이상**
KC마크는 이 제품이 공통안전기준에 적합하였음을 의미합니다.

한 번은 꼭 짚고 가야 하는 동사의 변화형

초급 영어에서 다음 단계로 올라서기 위해 꼭 확인해야 할 것은?

학생들을 지도하면서 풍부한 어휘 실력에도 불구하고 챕터북이나 논픽션 같은 장문 읽기를 두려워하거나, 여러 차례 읽어도 내용을 파악하지 못하는 학생을 많이 만났습니다. 그 해결 방안을 찾던 중 이들이 공통적으로 각 동사의 활용, 즉 변화형에 익숙하지 않은 것을 알게 되었어요. 그러한 초등 고학년과 영포자 중학생을 대상으로 주요 동사의 3단 변화를 꾸준히 집중, 반복 훈련하면서 확실한 효과를 볼 수 있었습니다.

영어 동사가 왜 중요할까?

영어에서 동사는 문장의 구조를 결정하는 역할을 하는 동시에, 현재/과거/미래 등의 시제를 나타냅니다. 즉, 문장의 해석은 동사에 달려 있다고 할 수 있어요. 따라서, 정확한 독해와 속독을 위해서는 동사의 형태와 쓰임을 확실히 알아야 합니다. 그러나, 우리 아이들 대부분 동사를 배울 때 기본 뜻과 '원형-과거형-과거분사형'의 형태를 기계적으로 외우는 학습 습관을 갖고 있습니다. 그 결과, 동사 형태가 바뀌기만 해도 문장에서 동사를 못 찾거나 잘못된 해석을 하게 됩니다. 특히, 과거분사형의 의미와 역할이 '형용사'와 같다는 것을 따로 배운 적이 없어서 수동태나 완료 시제는 늘 낯설고 온전히 이해하는 데 오랜 시간이 걸립니다.

동사 변화형을 익히는 효과적인 방법은?

좀더 집중적으로 체계적으로 연습하는 과정이 필요합니다. 이 책에서는 특별히 불규칙 동사의 변화패턴에 집중했습니다. 변화 형태가 유사한 그룹끼리 묶어 단계별로 연습하면서 쉽게 암기하고, 충분히 이해하여 자연스럽게 응용력을 키울 수 있습니다. 또한, 이 책에서는 동사를 철저히 문장의 일부로 인식하고 그 뜻을 문장 속에서 파악하도록 합니다. 이는 동사 변화형의 정확한 용법과 쓰임, 뉘앙스까지 이해하도록 도와줄 것입니다.

이 책을 통해 익힌 동사에 관한 지식과 동사 학습법이 중학 영어 학습의 어려움을 없애고 앞으로 영어 실력 향상을 위한 발판이 되기를 기대합니다.

저자 주선이

동사의 3단 변화는 왜 알아야 할까?

동사원형 — 과거형 — 과거분사형

동사원형은 습관이나 반복적인 행위, 일반적인 진리 등을 나타내는 문장과 의문문/부정문을 만들 때 쓰여요. 또한, can이나 should와 같은 조동사 뒤에는 반드시 동사원형을 써야 해요.

동사의 과거형은 과거의 동작이나 상태를 나타낼 때 쓰여요. (과거시제)

과거분사는 '하게 된, ~한' 의미를 띠며, 영어로 p.p.라고 나타내요. 과거분사는 '형용사' 역할을 하며, 수동태 문장이나 완료된 상황을 나타내는 문장에 쓰여요.

1 영어에서 동사의 3단 변화란 '동사원형(= 동사의 기본형) – 과거형 – 과거분사형'으로의 변화를 말합니다.

2 동사 형태는 시제(현재/과거/완료시제)와 태(능동태, 수동태)를 나타내는 중요한 단서이므로 각 동사의 변화형을 알아야만 문장의 의미를 정확히 이해할 수 있어요.

3 동사 형태는 walk–walked–walked처럼 규칙적으로 바뀌기도 하지만, 많은 주요 동사가 go–went–gone처럼 불규칙하게 바뀌므로 새로운 동사를 접할 때마다 먼저 3단 변화형을 확인하고, 불규칙 변화하는 동사는 반드시 외워둬야 해요.

She cut the apple in half.

현재시제라면 주어가 She이므로 cuts를 써야 하지만, cut이 쓰였으니 과거시제임을 알 수 있어요.

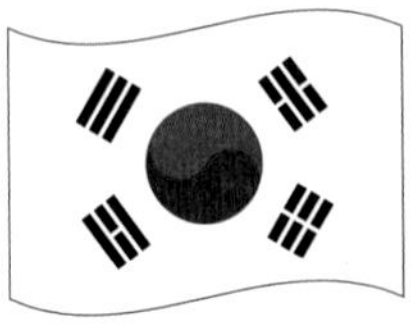

Made in Korea

과거분사 made는 '만들어진'이란 뜻의 형용사 역할을 해요.

The note is written in Spanish.

write의 과거분사가 written이란 것을 알고 있어야 '~로 쓰여진'을 의미하는 수동태임을 알 수 있어요.

차례

이 책의 특징

문법과 독해가 정확해지는 '동사 3단 변화' 연습서

1. 초등·중학생이 알아야 할 필수 동사 162개

초·중등 영어 교육과정에 제시된 0순위 기본 동사의 뜻과 철자를 집중 연습합니다.

2. 문법과 독해력 향상을 위한 필수 관문, 동사의 3단 변화형

동사의 3단 변화형은 문장의 시제와 직결된 것입니다.
이 변화 형태를 꼭 습득해야만 다양한 구조의 문장을 정확하게 이해하고 구사하게 됩니다.

3. 재미있는 삽화와 실용 문장으로 학습

삽화로 동사의 뜻을 직관적으로 인지하고, 실용문을 통해 변화형이 쓰이는 실제적인 용례를 살펴보면서 영어 문장 감각을 익힙니다.

4. 반복 누적 테스트로 완벽한 암기

연습문제(PRACTICE), 복습 테스트(Review Test), 종합 테스트 등의 단계별 복습으로 구성하여 주요 동사의 변화형과 활용법을 확실하게 마스터합니다.

5. 동사 변화를 유형별로 묶어 체계적으로 연습

불규칙 동사들을 변화가 비슷한 유형끼리 묶어 연습하는 과정을 통해 쉽게 암기하여 머릿속에 오래 보관하게 합니다. 이렇게 체계적으로 정리된 지식은 쉽게 장기기억으로 저장되고, 새로운 동사를 익히는 응용력도 함께 키워 줍니다.

MP3 듣기
도서 페이지의 '자료실'을 터치하면 MP3 파일을 바로 듣거나 전체 다운로드를 할 수 있습니다.

이 책에 실은 과거분사의 우리말 뜻은 자주 사용되는 뜻과 사전적인 뜻을 우선으로 제시했습니다.

이 책의 학습법

Part 0

너무나도 중요한 기본 동사 162

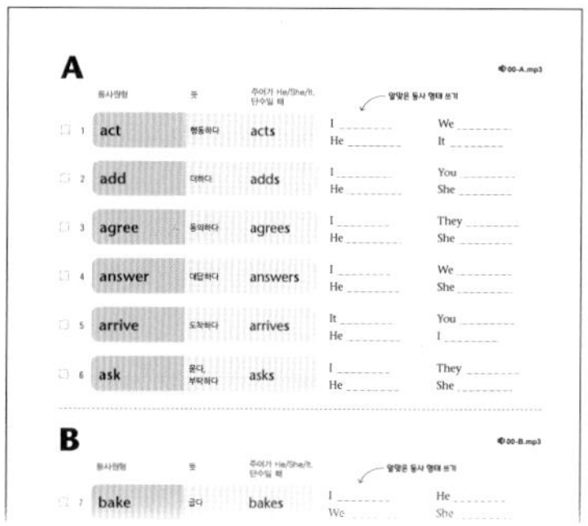

목표_초등~중학 영어 과정에 자주 등장하는 필수 동사를 확인합니다.

- 동사의 기본형과 뜻을 정확히 익히기
- 주어에 따라 동사에 -s/es를 붙이는 규칙 익히기
- 음성 파일을 들으며 동사원형과 변화형의 발음 차이를 확인하기
- 빈칸에 동사 변화형을 직접 써보며 연습하기

Part 1

-ed 규칙 변화 동사 익히기

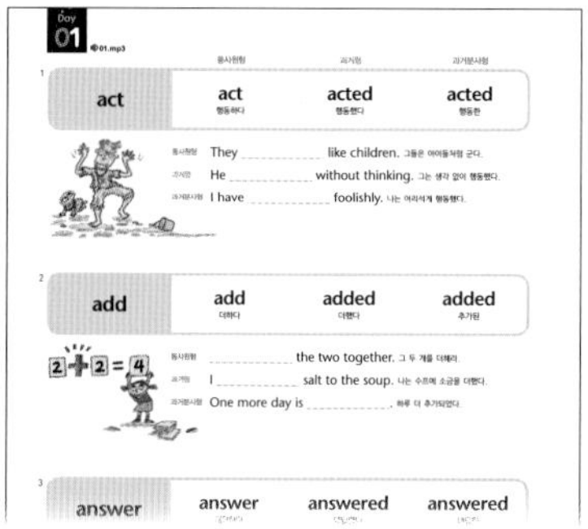

목표_동사 끝에 -ed를 붙여 규칙적으로 변화하는 규칙 동사 81개를 익힙니다.

- -d 또는 -ed가 붙어서 과거형과 과거분사형이 만들어지는 동사 81개를 하나씩 살펴보기
- 동사원형과 과거형, 과거분사형이 문장에서 각각 어떤 의미로 쓰이는지 예문을 통해 알기
- PRACTICE 문제와 Review Test를 통해 반복 복습하며 동사의 변화형 외우기

Part 2

불규칙 변화 동사 익히기

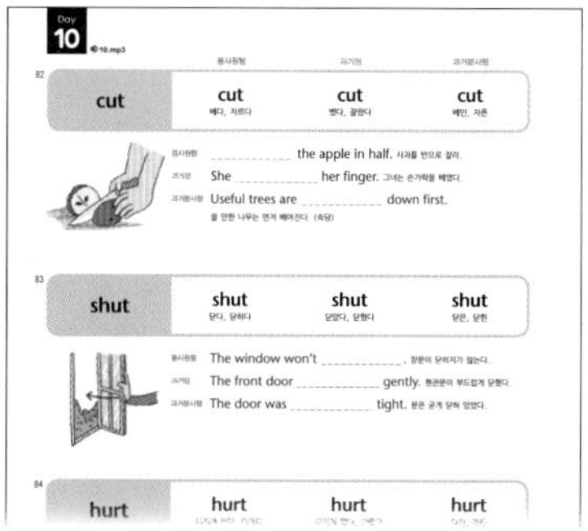

목표_-ed가 붙지 않고, 각각 다른 형태로 변화하는 불규칙 동사 81개를 익힙니다.

- 불규칙 변화하는 동사들 각각의 3단 변화형 (동사원형– 과거형–과거분사형)을 정확히 익히기
- 동사원형과 과거형, 과거분사형이 문장에서 각각 어떤 의미로 쓰이는지 예문을 통해 알기
- PRACTICE 문제와 Review Test를 통해 반복 복습하며 동사의 변화형 외우기

종합 테스트

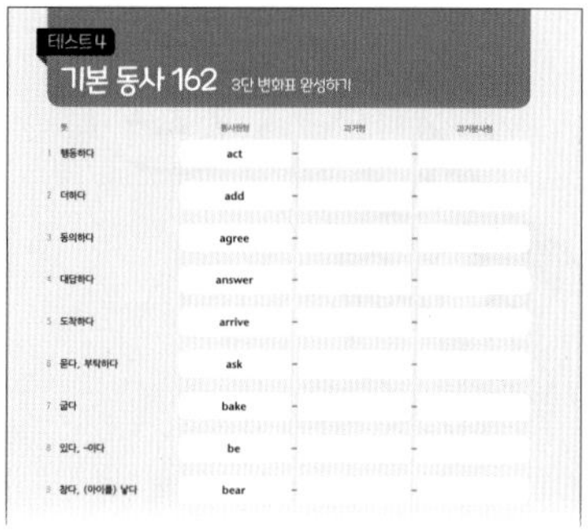

목표_반복 테스트를 통해 동사의 3단 변화형을 마스터합니다.

- **테스트1** 불규칙 변화 동사 81 – 과거형 쓰기
- **테스트2** 불규칙 변화 동사 81 – 과거분사형 쓰기
- **테스트3** 불규칙 변화 동사 81 – 표 완성하기
- **테스트4** 기본 동사 162 – 3단 변화표 완성하기

동사쯤이야!
난 이미
많이 알고 있다구!
방심은 금물!
과연 몇 개나 알고 있는지
직접 체크해 보자!
ZZZ

Part 0

너무나도 중요한 기본 동사 162

초중등 영어 교과과정에 자주 등장하는 동사 162개의 뜻과 철자를 확인해 보세요.
이미 알고 있는 단어에는 V 표시를 하고, 낯선 단어는 뜻과 철자를 꼼꼼히 암기하세요.

학습할 때 기억해야 할 점이 있어요.

1 현재를 나타내는 문장 안에서는 주어에 따라 동사 뒤에 -s 또는 -es가 붙어요.
주어가 He/She/It 또는 단수(한 개) 명사일 때 동사원형에 -s/es를 붙여요.
주어 뒤에 알맞은 동사의 현재형을 채워 넣으며 철자 변화를 연습해 보세요.

2 눈으로 변화 형태를 보고 기억하는 것도 중요하지만, 소리(발음)를 듣고 익숙해지는 것 또한 중요합니다.
단어를 읽어주는 원어민의 정확한 발음을 들으며 동사에 -s나 -es가 붙었을 때와 안 붙었을 때 어떻게 차이 나는지 확인해 보세요. 예를 들어, act와 acts, add와 adds의 발음은 서로 다르답니다.

A

00-A.mp3

		동사원형	뜻	주어가 He/She/It, 단수일 때	알맞은 동사 형태 쓰기	
☐	1	act	행동하다	acts	I ______ He ______	We ______ It ______
☐	2	add	더하다	adds	I ______ He ______	You ______ She ______
☐	3	agree	동의하다	agrees	I ______ He ______	They ______ She ______
☐	4	answer	대답하다	answers	I ______ He ______	We ______ She ______
☐	5	arrive	도착하다	arrives	It ______ He ______	You ______ I ______
☐	6	ask	묻다, 부탁하다	asks	I ______ He ______	They ______ She ______

B

00-B.mp3

		동사원형	뜻	주어가 He/She/It, 단수일 때	알맞은 동사 형태 쓰기	
☐	7	bake	굽다	bakes	I ______ We ______	He ______ She ______
☐	8	be	있다, ~이다	is	I ______ He ______	You ______ It ______
☐	9	bear	참다, (아이를) 낳다	bears	I ______ He ______	They ______ She ______
☐	10	become	~이 되다	becomes	I ______ He ______	She ______ We ______

□ 11	**begin**	시작하다	begins	I ________ You ________ He ________ It ________
□ 12	**believe**	믿다	believes	I ________ We ________ He ________ She ________
□ 13	**bite**	물다	bites	The dog ________ We ________ He ________ I ________
□ 14	**borrow**	빌리다	borrows	I ________ You ________ He ________ She ________
□ 15	**break**	깨다, 고장 나다	breaks	I ________ They ________ The boy ________ The child ________
□ 16	**bring**	가져오다, 데려오다	brings	I ________ You ________ Jane ________ Ben ________
□ 17	**brush**	솔질하다, 닦다	brushes	Everyone ________ They ________ I ________ No one ________
□ 18	**build**	짓다	builds	I ________ The team ________ The workers ________ It ________
□ 19	**buy**	사다	buys	Children ________ People ________ A man ________ The woman ________

C

00-C.mp3

	동사원형	뜻	주어가 He/She/It, 단수일 때	알맞은 동사 형태 쓰기
□ 20	**call**	부르다, 전화하다	calls	I ________ We ________ He ________ She ________
□ 21	**carry**	들고 가다	carries	You ________ I ________ He ________ She ________

☐	22	**catch**	잡다	catches	I ________ A girl ________	They ________ The boy ________
☐	23	**change**	바꾸다	changes	I ________ Jane ________	You ________ Ben ________
☐	24	**check**	확인하다	checks	I ________ He ________	You ________ She ________
☐	25	**cheer**	응원하다	cheers	I ________ He ________	They ________ She ________
☐	26	**choose**	고르다	chooses	We ________ A boy ________	I ________ The girl ________
☐	27	**clean**	청소하다	cleans	I ________ Jane ________	You ________ Ben ________
☐	28	**climb**	오르다	climbs	No one ________ Everyone ________	They ________ I ________
☐	29	**close**	닫다, 덮다	closes	I ________ The shop ________	My friends ________ It ________
☐	30	**collect**	수집하다	collects	Children ________ Mr. Lee ________	People ________ Ms. Lee ________
☐	31	**come**	오다	comes	I ________ He ________	We ________ She ________
☐	32	**cook**	요리하다	cooks	He ________ I ________	You ________ She ________
☐	33	**cost**	(비용이) …들다	costs	I ________ A girl ________	They ________ The boy ________
☐	34	**cover**	덮다	covers	Snow ________ I ________	You ________ It ________

☐ 35	**cross**	건너가다	crosses	I ______ Everyone ______ No one ______ They ______
☐ 36	**cut**	베다, 자르다	cuts	I ______ People ______ A man ______ The woman ______

D

🔊 00-D.mp3

알맞은 동사 형태 쓰기

	동사원형	뜻	주어가 He/She/It, 단수일 때	
☐ 37	**decide**	결정하다, 결심하다	decides	I ______ We ______ He ______ She ______
☐ 38	**delay**	미루다	delays	I ______ It ______ He ______ You ______
☐ 39	**die**	죽다	dies	I ______ They ______ He ______ She ______
☐ 40	**dig**	(땅을) 파다	digs	I ______ The farmer ______ We ______ A dog ______
☐ 41	**divide**	나누다	divides	I ______ Jane ______ You ______ Ben ______
☐ 42	**do**	하다	does	I ______ They ______ Everyone ______ No one ______
☐ 43	**draw**	그리다	draws	I ______ My friends ______ My brother ______ The girl ______
☐ 44	**drink**	마시다	drinks	The boy ______ Some kids ______ The cat ______ I ______
☐ 45	**drive**	운전하다	drives	Mr. Lee ______ People ______ I ______ Ms. Lee ______

46	**drop**	떨어지다, 떨어뜨리다	drops	I ____ Water ____	Sales ____ A pear ____

E

00-E.mp3

	동사원형	뜻	주어가 He/She/It, 단수일 때	알맞은 동사 형태 쓰기	
47	**eat**	먹다	eats	We ____ He ____	I ____ She ____
48	**enjoy**	즐기다	enjoys	I ____ He ____	You ____ She ____
49	**enter**	들어가다, 입력하다	enters	I ____ He ____	They ____ It ____

F

00-F.mp3

	동사원형	뜻	주어가 He/She/It, 단수일 때	알맞은 동사 형태 쓰기	
50	**fail**	실패하다	fails	I ____ He ____	She ____ We ____
51	**fall**	떨어지다, 넘어지다	falls	I ____ He ____	You ____ It ____
52	**feed**	먹이다	feeds	They ____ Mr. Lee ____	I ____ Ms. Lee ____
53	**feel**	느끼다	feels	I ____ Jane ____	We ____ Ben ____
54	**fight**	싸우다	fights	The player ____ The team ____	You ____ I ____

☐ 55	**fill**	채우다	**fills**	I ________ Everyone ________	They ________ No one ________
☐ 56	**find**	찾다	**finds**	I ________ My sister ________	My friends ________ A hunter ________
☐ 57	**finish**	끝내다	**finishes**	I ________ People ________	A man ________ The woman ________
☐ 58	**fix**	고정하다, 수리하다	**fixes**	I ________ My mother ________	My parents ________ My dad ________
☐ 59	**fly**	날다, 비행하다	**flies**	It ________ A bird ________	They ________ I ________
☐ 60	**forget**	잊어버리다	**forgets**	I ________ He ________	We ________ She ________

G

00-G.mp3

	동사원형	뜻	주어가 He/She/It, 단수일 때	알맞은 동사 형태 쓰기	
☐ 61	**get**	받다, 얻다	**gets**	I ________ He ________	You ________ It ________
☐ 62	**give**	주다	**gives**	I ________ They ________	Everyone ________ No one ________
☐ 63	**go**	가다	**goes**	Children ________ Mr. Lee ________	People ________ Ms. Lee ________
☐ 64	**grow**	자라다	**grows**	Kids ________ Seeds ________	A tree ________ The company ________

H

00-H.mp3

동사원형	뜻	주어가 He/She/It, 단수일 때	알맞은 동사 형태 쓰기	
☐ 65 hang	매달다	hangs	I ______ He ______	We ______ She ______
☐ 66 happen	일어나다	happens	I ______ He ______	It ______ You ______
☐ 67 have	가지다, 먹다	has	I ______ He ______	They ______ A frog ______
☐ 68 hear	듣다	hears	The girl ______ A bird ______	We ______ I ______
☐ 69 help	돕다	helps	I ______ Jane ______	You ______ Ben ______
☐ 70 hide	숨다, 숨기다	hides	I ______ Everyone ______	They ______ No one ______
☐ 71 hit	치다	hits	I ______ My friends ______	A player ______ Someone ______
☐ 72 hold	잡다, 개최하다	holds	I ______ Mr. Lee ______	People ______ Ms. Lee ______
☐ 73 hurt	다치게 하다, 아프다	hurts	I ______ He ______	It ______ We ______
☐ 74 hurry	서두르다	hurries	I ______ We ______	The boy ______ She ______

I J K

00-IJK.mp3

	동사원형	뜻	주어가 He/She/It, 단수일 때	알맞은 동사 형태 쓰기	
☐ 75	invite	초대하다	invites	I ______ He ______	You ______ She ______
☐ 76	join	가입하다, 함께하다	joins	I ______ He ______	We ______ She ______
☐ 77	keep	~을 계속하다	keeps	I ______ He ______	You ______ She ______
☐ 78	kick	(발로) 차다	kicks	A player ______ I ______	We ______ The boy ______
☐ 79	kill	(~을) 죽이다	kills	It ______ I ______	They ______ A cat ______
☐ 80	know	알다	knows	I ______ Everyone ______	They ______ No one ______

L

00-L.mp3

	동사원형	뜻	주어가 He/She/It, 단수일 때	알맞은 동사 형태 쓰기	
☐ 81	lay	놓다, 낳다	lays	A bird ______ I ______	We ______ The girl ______
☐ 82	lead	이끌다	leads	I ______ The team ______	You ______ My friend ______
☐ 83	learn	배우다	learns	He ______ I ______	She ______ We ______
☐ 84	leave	떠나다	leaves	I ______ He ______	You ______ It ______

☐ 85	**let**	시키다, ~하게 하다	**lets**	I ________ He ________	She ________ They ________
☐ 86	**lie**	거짓말하다	**lies**	I ________ Jane ________	We ________ Ben ________
☐ 87	**listen**	듣다	**listens**	The boy ________ I ________	The student ________ You ________
☐ 88	**live**	살다	**lives**	They ________ My friend ________	I ________ No one ________
☐ 89	**look**	보다, (~으로) 보이다	**looks**	I ________ You ________	Everyone ________ My sister ________
☐ 90	**lose**	잃다, 지다	**loses**	I ________ A man ________	People ________ The woman ________
☐ 91	**love**	사랑하다	**loves**	My parents ________ My dad ________	I ________ My mom ________

M

00-M.mp3

	동사원형	뜻	주어가 He/She/It, 단수일 때	알맞은 동사 형태 쓰기	
☐ 92	**make**	만들다	**makes**	I ________ He ________	We ________ It ________
☐ 93	**marry**	(~와) 결혼하다	**marries**	You ________ He ________	I ________ She ________
☐ 94	**meet**	만나다	**meets**	I ________ They ________	Mr. Lee ________ Ms. Lee ________
☐ 95	**miss**	놓치다	**misses**	I ________ He ________	We ________ She ________

☐ 96	move	움직이다, 감동시키다	moves	I ________ He ________	You ________ It ________

N O

00-NO.mp3

	동사원형	뜻	주어가 He/She/It, 단수일 때	알맞은 동사 형태 쓰기	
☐ 97	need	필요하다	needs	I ________ It ________	She ________ They ________
☐ 98	open	열다	opens	I ________ She ________	We ________ He ________

P

00-P.mp3

	동사원형	뜻	주어가 He/She/It, 단수일 때	알맞은 동사 형태 쓰기	
☐ 99	paint	페인트칠하다	paints	I ________ A man ________	You ________ The woman ________
☐ 100	pass	합격하다	passes	I ________ My friend ________	No one ________ They ________
☐ 101	pay	지불하다	pays	Everyone ________ I ________	You ________ My sister ________
☐ 102	pick	따다, 고르다	picks	I ________ He ________	She ________ People ________
☐ 103	play	(게임·경기를) 하다	plays	I ________ The team ________	We ________ The player ________
☐ 104	point	가리키다	points	My sister ________ My brother ________	My parents ________ I ________

☐	105	push	밀다, 누르다	pushes	I ______ We ______ He ______ She ______
☐	106	put	놓다, 두다	puts	I ______ You ______ Mr. Lee ______ Ms. Lee ______

R

🔊 00-R.mp3

		동사원형	뜻	주어가 He/She/It, 단수일 때	알맞은 동사 형태 쓰기
☐	107	read	읽다	reads	I ______ We ______ He ______ She ______
☐	108	remember	기억하다	remembers	I ______ You ______ He ______ It ______
☐	109	return	돌아오다	returns	I ______ Ms. Lee ______ Mr. Lee ______ They ______
☐	110	ride	타다	rides	I ______ We ______ Jane ______ Ben ______
☐	111	ring	울리다	rings	This ______ You ______ The bell ______ I ______
☐	112	rise	오르다, (해·달이) 뜨다	rises	The sun ______ The moon ______ I ______ They ______
☐	113	run	달리다	runs	I ______ You ______ Everyone ______ The runner ______

S

🔊 00-S.mp3

		동사원형	뜻	주어가 He/She/It, 단수일 때	알맞은 동사 형태 쓰기	
☐	114	save	구하다, 저축하다	saves	I ______ The boy ______	You ______ The girl ______
☐	115	say	말하다	says	I ______ My friend ______	No one ______ They ______
☐	116	see	보다	sees	Everyone ______ I ______	You ______ My sister ______
☐	117	sell	팔다	sells	I ______ A man ______	People ______ This store ______
☐	118	send	보내다	sends	I ______ My father ______	My mother ______ My parents ______
☐	119	set	놓다, 차리다	sets	I ______ He ______	You ______ It ______
☐	120	shake	흔들다, 악수하다	shakes	I ______ He ______	They ______ She ______
☐	121	shock	충격을 주다	shocks	I ______ It ______	We ______ The news ______
☐	122	shop	쇼핑하다	shops	I ______ Mr. Lee ______	Ms. Lee ______ You ______
☐	123	shut	닫다, 닫히다	shuts	They ______ It ______	I ______ The store ______
☐	124	sing	노래하다	sings	I ______ The singer ______	My friends ______ The bird ______

☐ 125	**sink**	가라앉다	sinks	Children ________ The boat ________	The ship ________ People ________
☐ 126	**sit**	앉다	sits	We ________ He ________	I ________ She ________
☐ 127	**sleep**	자다	sleeps	I ________ He ________	You ________ She ________
☐ 128	**smile**	웃다	smiles	I ________ A girl ________	The baby ________ They ________
☐ 129	**sound**	~처럼 들리다	sounds	That ________ I ________	You ________ It ________
☐ 130	**speak**	말하다	speaks	I ________ Everyone ________	They ________ No one ________
☐ 131	**spend**	(돈·시간을) 쓰다	spends	I ________ He ________	You ________ She ________
☐ 132	**stand**	일어서다	stands	I ________ He ________	We ________ It ________
☐ 133	**start**	시작하다	starts	This show ________ I ________	They ________ The class ________
☐ 134	**stay**	머무르다	stays	I ________ The team ________	We ________ My family ________
☐ 135	**steal**	훔치다	steals	I ________ You ________	It ________ The thief ________
☐ 136	**stop**	멈추다	stops	I ________ The rain ________	They ________ The service ________

☐ 137	study	공부하다	studies	The girl ______ I ______	The student ______ My friends ______
☐ 138	swim	수영하다	swims	Children ______ People ______	A fish ______ The swimmer ______

T

🔊 00-T.mp3

	동사원형	뜻	주어가 He/She/It, 단수일 때	알맞은 동사 형태 쓰기	
☐ 139	take	타다	takes	I ______ He ______	We ______ She ______
☐ 140	talk	이야기하다	talks	I ______ He ______	You ______ She ______
☐ 141	taste	맛이 나다, 맛보다	tastes	The pie ______ I ______	They ______ This ______
☐ 142	teach	가르치다	teaches	I ______ Mr. Lee ______	The teacher ______ You ______
☐ 143	tear	찢다	tears	I ______ He ______	You ______ She ______
☐ 144	tell	말하다, 이야기하다	tells	I ______ Mr. Lee ______	They ______ Ms. Lee ______
☐ 145	thank	감사하다	thanks	I ______ A boy ______	The girl ______ We ______
☐ 146	think	생각하다	thinks	I ______ Jane ______	You ______ Ben ______
☐ 147	throw	던지다, 버리다	throws	Everyone ______ I ______	They ______ No one ______

☐ 148	**try**	노력하다, 시도하다	**tries**	I ______ Ms. Lee ______ Mr. Lee ______ My friends ______
☐ 149	**turn**	돌다	**turns**	This ______ People ______ The car ______ Children ______

U V

🔊 00-UV.mp3

	동사원형	뜻	주어가 He/She/It, 단수일 때	알맞은 동사 형태 쓰기
☐ 150	**understand**	이해하다	**understands**	I ______ We ______ He ______ She ______
☐ 151	**use**	사용하다	**uses**	I ______ You ______ He ______ She ______
☐ 152	**visit**	방문하다	**visits**	I ______ Ms. Lee ______ Mr. Lee ______ We ______

W

🔊 00-W.mp3

	동사원형	뜻	주어가 He/She/It, 단수일 때	알맞은 동사 형태 쓰기
☐ 153	**wait**	기다리다	**waits**	I ______ You ______ He ______ She ______
☐ 154	**wake**	깨다, 깨우다	**wakes**	I ______ We ______ He ______ It ______
☐ 155	**want**	원하다	**wants**	You ______ I ______ He ______ She ______
☐ 156	**wash**	씻다	**washes**	I ______ They ______ He ______ She ______

☐ 157	watch	지켜보다	watches	I ______ We ______	Jane ______ Ben ______
☐ 158	wear	입고[신고/쓰고] 있다	wears	The boy ______ I ______	The student ______ You ______
☐ 159	win	이기다	wins	I ______ My friend ______	They ______ No one ______
☐ 160	work	일하다	works	I ______ Everyone ______	You ______ My sister ______
☐ 161	worry	걱정하다	worries	My parents ______ My father ______	My mother ______ I ______
☐ 162	write	쓰다	writes	People ______ I ______	Mr. Lee ______ Ms. Lee ______

- QUICK CHECK -

주어진 동사를 문장의 주어에 맞는 형태로 써 넣으세요.

❶

Mike ____________ his hands before eating. (wash)

❷

Jane ____________ science. (study)

❸

She ____________ lots of water. (drink)

❹

The man ____________ me how to swim. (teach)

❺

My brother ____________ glasses. (wear)

❻

My dad ____________ a bus to work. (take)

❼

He ____________ in English. (speak)

❽

A bird ____________ in the sky. (fly)

끝에 -ed가 붙은
동사들을 본 적 있어?
그건 동사가
과거형 또는 과거분사형
으로 변했기 때문이야.
-ed가 붙은
동사의 뜻을 하나씩
문장 속에서 살펴보자.

Part 1

-ed 규칙 변화 동사 익히기

과거형, 과거분사형으로 변화할 때 -d 또는 -ed가 붙으며 변화하는 동사들이 있어요.
이 파트에서는 이렇게 -d 또는 -ed가 붙으며 규칙적으로 변화하는 동사들을 먼저 학습해 봅시다.

1. -d/-ed가 붙으며 규칙 변화 하는 동사는 과거형과 과거분사형이 서로 같으므로 어렵게 외우지 않아도 돼요.

동사원형 ~하다	과거형 ~했다	과거분사형 ~한/~된
stay	stay**ed**	stay**ed**
clean	clean**ed**	clean**ed**
love	love**d**	love**d**
study	stud**ied**	stud**ied**

2. 규칙 변화 동사의 과거형/과거분사형을 만드는 4가지 방법

❶ 대부분은 동사원형에 -ed를 붙인다.

want + ed ➡ want**ed**　　call + ed ➡ call**ed**

❷ e로 끝나면 -d만 붙인다.

live + d ➡ live**d**　　close + d ➡ close**d**

❸ 자음+y로 끝나면 y를 i로 바꾼 뒤 -ed를 붙인다.

study + ed ➡ stud**ied**　　try + ed ➡ tr**ied**

❹ 단모음+단자음으로 끝나면 끝의 자음을 한 번 더 쓰고 -ed를 붙인다.

stop + ed ➡ sto**pped**　　shop + ed ➡ sho**pped**

3. 과거형은 과거에 했던 일이나 상태를 나타낼 때 써요.

I cleaned my room. (과거에) 나는 내 방 청소를 했다.

clean(청소하다) – cleaned – cleaned

4. 과거분사형은 어떤 행동이나 움직임이 완료되거나 수동적으로 당하는 의미를 나타내요. 그래서 '~한, ~된'이란 뜻의 형용사 역할을 합니다. 과거분사형은 주로 be동사나 have와 함께 쓰여요.

❶ have + 과거분사형

주어가 과거부터 현재의 어느 시점까지 계속한 행위나 상태, 경험을 나타내는 완료시제 문장에 쓰여요.

I **have cleaned** my room. 나는 (지금까지) 내 방 청소를 했다.

❷ be동사 + 과거분사형

주어가 직접 행동을 하는 것이 아니라, 행동이 주어에게 일어나는 수동태 문장에 쓰여요.

My room **was cleaned.** (나에 의해) 내 방이 청소되었다.

다음 페이지부터는 규칙 변화 동사의 3단 변화 형태를 익히며, 활용 문장을 바르게 완성해 보세요.

Day 01

01.mp3

	동사원형	과거형	과거분사형
1 **act**	**act** 행동하다	**acted** 행동했다	**acted** 행동한

동사원형 They ______________ like children. 그들은 아이들처럼 군다.

과거형 He ______________ without thinking. 그는 생각 없이 행동했다.

과거분사형 I have ______________ foolishly. 나는 어리석게 행동했다.

	동사원형	과거형	과거분사형
2 **add**	**add** 더하다	**added** 더했다	**added** 추가된

동사원형 ______________ the two together. 그 두 개를 더해라.

과거형 I ______________ salt to the soup. 나는 수프에 소금을 더했다.

과거분사형 One more day is ______________. 하루 더 추가되었다.

	동사원형	과거형	과거분사형
3 **answer**	**answer** 대답하다	**answered** 대답했다	**answered** 대답한

동사원형 ______________ me. 나에게[질문에] 대답해.

과거형 He ______________ her question. 그는 그녀의 질문에 대답했다.

과거분사형 You haven't ______________ my question.
넌 내 질문에 대답을 안 했어.

참고어휘 like ~처럼 without ~ 없이 foolishly 어리석게, 바보같이 together 같이

	동사원형	과거형	과거분사형
4 **ask**	**ask** 묻다, 부탁하다	**asked** 물었다, 부탁했다	**asked** 물은, 부탁 받은

동사원형 Can I ______________ a question? 질문 하나 해도 돼요?

과거형 I ______________ him his name. 나는 그에게 이름을 물었다.

과거분사형 I was ______________ a favor. 나는 부탁을 받았다.

	동사원형	과거형	과거분사형
5 **borrow**	**borrow** 빌리다	**borrowed** 빌렸다	**borrowed** 빌린

동사원형 Can I ______________ your umbrella? 네 우산 좀 빌릴 수 있을까?

과거형 I ______________ a book. 나는 책 한 권을 빌렸다.

과거분사형 He has ______________ my bike. 그는 내 자전거를 빌려 갔다.

	동사원형	과거형	과거분사형
6 **brush**	**brush** 솔질하다, 닦다	**brushed** 솔질했다, 닦았다	**brushed** 솔질된, 닦은

동사원형 Go and ______________ your teeth. 가서 이 닦아.

과거형 I ______________ my hair. 나는 머리를 빗었다.

과거분사형 Have you ______________ your teeth? 이 닦았지?

참고어휘 favor 부탁, 호의 umbrella 우산 teeth 이(tooth의 복수형)

7

call	동사원형	과거형	과거분사형
	call 부르다, 전화하다	**called** 불렀다, 전화했다	**called** 불리는

동사원형 I will ________ you later. 나중에 다시 걸게[전화할게].

과거형 Who ________ me? 누가 날 불렀지?

과거분사형 Their names were ________. 그들의 이름이 불렸다.

8

check	동사원형	과거형	과거분사형
	check 확인하다	**checked** 확인했다	**checked** 확인한

동사원형 I ________ my email every day. 난 매일 이메일을 확인한다.

과거형 The police ________ our IDs. 경찰이 우리의 신분증을 확인했다.

과거분사형 I haven't ________ the spelling. 맞춤법 확인을 못 했어.

9

cheer	동사원형	과거형	과거분사형
	cheer 응원하다	**cheered** 응원했다	**cheered** 격려받은, 응원한

동사원형 We ________ for the team. 우리는 그 팀을 응원해.

과거형 My family ________ me up. 우리 가족은 나를 격려해줬다.

과거분사형 Many fans have ________ for them.
많은 팬들이 그들을 응원했다.

참고어휘 later 나중에 ID 신분증명서 spelling 맞춤법, 철자법

- PRACTICE -

A. 빈칸을 채워 표를 완성하세요.

	동사	뜻 (~하다)	동사원형	과거형	과거분사형
❶	act				
❷	add				
❸	answer				
❹	ask				
❺	borrow				
❻	brush				
❼	call				
❽	check				
❾	cheer				

B. 아래 상자에서 빈칸에 알맞은 동사를 찾아 써 보세요.

❶ ______ the two together. 그 두 개를 더해라.

❷ He ______ without thinking. 그는 생각 없이 행동했다.

❸ ______ me. 나에게[질문에] 대답해.

❹ Can I ______ a question? 질문 하나 해도 돼요?

ask Add Answer acted

❺ Can I ______ your umbrella? 네 우산 좀 빌릴 수 있을까?

❻ Have you ______ your teeth? 이 닦았지?

❼ Who ______ me? 누가 날 불렀지?

❽ We ______ for the team. 우리는 그 팀을 응원해.

❾ I haven't ______ the spelling. 맞춤법 확인을 못 했어.

borrow cheer checked called brushed

동사원형	과거형	과거분사형

10

clean | **clean** 청소하다 | **cleaned** 청소했다 | **cleaned** 청소된, 청소한 |

동사원형 Let's _____ the table first. 우선 식탁을 치우자.

과거형 He _____ his room. 그는 방 청소를 했다.

과거분사형 We haven't _____ the house yet.
우리는 아직 집 청소를 안 했다.

11

climb | **climb** 오르다 | **climbed** 올랐다 | **climbed** 오른 |

동사원형 Can bears _____ trees? 곰이 나무를 탈 수 있어?

과거형 The car slowly _____ the hill.
그 자동차는 천천히 언덕을 올라갔다.

과거분사형 They have _____ Mount Everest.
그들은 에베레스트산을 올랐다.

12

collect | **collect** 수집하다 | **collected** 수집했다 | **collected** 수집한, 수집된 |

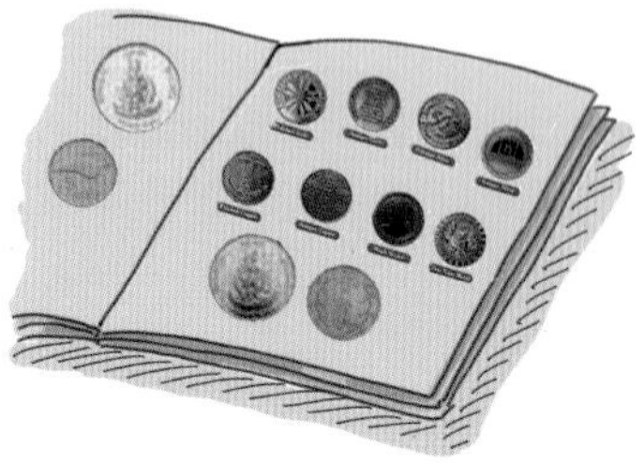

동사원형 I like to _____ rare coins. 난 희귀한 동전을 모으는 것을 좋아한다.

과거형 He _____ different kinds of sneakers.
그는 다른 종류의 운동화를 모았다.

과거분사형 This data was _____ from 69 countries.
이 자료는 69개국에서 수집한 것이다.

참고어휘 **first** 먼저, 우선 **yet** 아직 **hill** 언덕 **rare** 드문, 희귀한 **sneakers** 운동화 **country** 국가

	동사원형	과거형	과거분사형
13 **cook**	**cook** 요리하다	**cooked** 요리했다	**cooked** 조리된

동사원형 Do you ______________ every day? 매일 요리를 하니?

과거형 Dad ______________ me lunch. 아빠가 내게 점심을 요리해 주셨다.

과거분사형 The chicken was only half ______________.
그 닭고기는 설익은[절반쯤 요리된] 상태였다.

	동사원형	과거형	과거분사형
14 **cover**	**cover** 덮다	**covered** 덮었다	**covered** 덮인

동사원형 ______________ your mouth when you sneeze.
재채기할 때 입을 가려라.

과거형 He ______________ my eyes. 그는 내 눈을 가렸다.

과거분사형 His shoes were ______________ in dirt. 그의 신발은 먼지투성이였다.

	동사원형	과거형	과거분사형
15 **cross**	**cross** 건너가다	**crossed** 건넜다	**crossed** 건너간, 교차한

동사원형 She should ______________ the stream. 그녀는 개울을 건너야 해.

과거형 He ______________ France by train. 그는 기차로 프랑스를 횡단했다.

과거분사형 She has ______________ the finish line. 그녀는 결승선을 통과했다.

참고어휘 chicken 닭 half 반쯤, 부분적으로; 반, 절반 sneeze 재채기하다 dirt 먼지, 흙 stream 개울, 시내 finish line 결승선

동사원형	과거형	과거분사형

16

delay	**delay** 미루다	**delayed** 미뤘다	**delayed** 미뤄진

동사원형 Don't _____. Do it now. 미루지 마. 지금 해.

과거형 We _____ the picnic because of the rain.
우리는 비 때문에 소풍을 미뤘다.

과거분사형 The train was _____ for an hour. 그 기차는 1시간 연착했다.

17

enjoy	**enjoy** 즐겁게 보내다	**enjoyed** 즐겁게 보냈다	**enjoyed** 즐거움을 누린

동사원형 _____ your trip. 재미있게 여행해.

과거형 I _____ the party. 파티는 즐거웠어.

과거분사형 We have _____ the vacation. 우리는 휴가를 즐겼다.

18

enter	**enter** 들어가다, 입력하다	**entered** 들어갔다, 입력했다	**entered** 들어간, 입력된

동사원형 Please knock before you _____.
들어오기 전에 문을 두드려요.

과거형 Someone _____ the room. 누군가 방으로 들어갔다.

과거분사형 The police have _____ the building.
경찰이 그 건물에 진입했다.

참고어휘 party 파티　vacation 휴가, 방학　knock 노크하다　before ~ 전에

- PRACTICE -

A. 빈칸을 채워 표를 완성하세요.

	동사	뜻 (~하다)	동사원형	과거형	과거분사형
❶	clean				
❷	climb				
❸	collect				
❹	cook				
❺	cover				
❻	cross				
❼	delay				
❽	enjoy				
❾	enter				

B. 아래 상자에서 빈칸에 알맞은 동사를 찾아 써 보세요.

❶ This data was ____________ from 69 countries. 이 자료는 69개국에서 수집한 것이다.

❷ Let's ____________ the table first. 우선 식탁을 치우자.

❸ They have ____________ Mount Everest. 그들은 에베레스트산을 올랐다.

❹ His shoes were ____________ in dirt. 그의 신발은 먼지투성이였다.

covered collected climbed clean

❺ She should ____________ the stream. 그녀는 개울을 건너야 해.

❻ Dad ____________ me lunch. 아빠가 내게 점심을 요리해 주셨다.

❼ ____________ your trip. 재미있게 여행해.

❽ The train was ____________ for an hour. 그 기차는 1시간 연착했다.

❾ Please knock before you ____________. 들어오기 전에 문을 두드려요.

cooked cross enter Enjoy delayed

동사원형	과거형	과거분사형

19

fail	**fail** 실패하다	**failed** 실패했다	**failed** 실패한

동사원형 What if I _____? 만일 내가 실패하면?

과거형 He _____ his driving test. 그는 운전면허 시험에 떨어졌다.

과거분사형 Others have _____ like you.
다른 이들도 너처럼 실패해본 적 있어.

20

fill	**fill** 채우다	**filled** 채웠다	**filled** 채운, 채워진

동사원형 Please _____ up the mug. 그 머그잔을 다 채워줘요.

과거형 I _____ the glass with water. 나는 잔을 물로 가득 채웠다.

과거분사형 The shelves are _____ with books.
책꽂이에 책이 가득 꽂혀 있다.

21

finish	**finish** 끝내다	**finished** 끝냈다	**finished** 끝난, 완성된, 끝낸

동사원형 I can _____ it tonight. 나는 그것을 오늘밤에 끝낼 수 있다.

과거형 I _____ my homework. 난 숙제 다했다.

과거분사형 Haven't you _____ your dinner yet?
저녁 아직 다 안 먹었어?

참고어휘 **driving test** 운전면허 시험　　**others** 다른 이들　　**mug** 머그잔(손잡이가 달린 큰 컵)　　**shelves** 책꽂이(shelf의 복수형)

	동사원형	과거형	과거분사형
22 **fix**	**fix** 고정하다, 수리하다	**fixed** 고정했다, 수리했다	**fixed** 고정된, 수리된, 수리한

동사원형 Don't worry. I can ______________ it. 걱정하지 마. 내가 고칠 수 있어.

과거형 He ______________ a shelf to the wall.
그는 벽에 선반을 달았다[고정했다].

과거분사형 I've ______________ the machine. 내가 그 기계를 수리했다.

	동사원형	과거형	과거분사형
23 **happen**	**happen** 일어나다	**happened** 일어났다	**happened** 일어난

동사원형 Car accidents ______________ all the time.
자동차 사고는 항상 일어난다.

과거형 You're late. What ______________? 늦었네. 무슨 일 있었어?

과거분사형 Nothing has ______________ yet. 아직 아무 일도 안 일어났어.

	동사원형	과거형	과거분사형
24 **help**	**help** 돕다	**helped** 도왔다	**helped** 도움을 받은

동사원형 Can you ______________ me? 좀 도와줄래?

과거형 We ______________ each other. 우리는 서로 도왔다.

과거분사형 I was ______________ by a friend. 나는 친구의 도움을 받았다.

참고어휘 worry 염려하다 shelf 선반 machine 기계 accident 사고

동사원형	과거형	과거분사형

25

join	**join** 가입하다, 함께하다	**joined** 가입했다, 함께했다	**joined** 가입한, 함께한

동사원형　Will you ＿＿＿＿＿＿ us? 우리랑 함께할래?

과거형　I ＿＿＿＿＿＿ the bowling club. 나는 볼링 클럽에 가입했다.

과거분사형　No one has ＿＿＿＿＿＿ yet. 아직 아무도 안 들어왔어.

26

kick	**kick** (발로) 차다	**kicked** (발로) 찼다	**kicked** (발에) 차인

동사원형　Don't ＿＿＿＿＿＿ the ball too hard. 공을 너무 세게 차지 마.

과거형　He ＿＿＿＿＿＿ the ball to me. 그는 내 쪽으로 공을 찼다.

과거분사형　He was ＿＿＿＿＿＿ by a horse. 그는 말에 차였다.

27

kill	**kill** (~을) 죽이다	**killed** (~을) 죽였다	**killed** 살해된

동사원형　It can ＿＿＿＿＿＿ people and animals.

그것은 사람과 동물들을 죽일 수 있다.

과거형　Who ＿＿＿＿＿＿ the bird? 누가 그 새를 죽였어?

과거분사형　Three people were ＿＿＿＿＿＿ in the crash.

충돌 사고로 세 명이 목숨을 잃었다.

참고어휘　bowling 볼링　　crash (자동차 충돌 또는 항공기 추락) 사고

- PRACTICE -

A. 빈칸을 채워 표를 완성하세요.

	동사	뜻 (~하다)	동사원형	과거형	과거분사형
1	fail				
2	fill				
3	finish				
4	fix				
5	happen				
6	help				
7	join				
8	kick				
9	kill				

B. 아래 상자에서 빈칸에 알맞은 동사를 찾아 써 보세요.

1. He ______ his driving test. 그는 운전면허 시험에 떨어졌다.
2. I ______ my homework. 난 숙제 다했다.
3. Please ______ up the mug. 그 머그잔을 다 채워줘요.
4. You are late. What ______? 늦었네. 무슨 일 있었어?

fill failed finished happened

5. He ______ a shelf to the wall. 그는 벽에 선반을 달았다[고정했다].
6. Can you ______ me? 좀 도와줄래?
7. Who ______ the bird? 누가 그 새를 죽였어?
8. No one has ______ yet. 아직 아무도 안 들어왔어.
9. Don't ______ the ball too hard. 공을 너무 세게 차지 마.

killed help kick joined fixed

Review Test
Day 01~03

A. 우리말 의미에 맞는 문장에 V 표시를 하세요.

❶ 나중에 다시 걸게[전화할게].

☐ ⓐ I will call you later.
☐ ⓑ I called you later.

❷ 걱정하지 마. 내가 고칠 수 있어.

☐ ⓐ Don't worry. I can fix it.
☐ ⓑ Don't worry. I fixed it.

❸ 이 닦았지?

☐ ⓐ Do you brush your teeth?
☐ ⓑ Have you brushed your teeth?

❹ 매일 요리를 하니?

☐ ⓐ Do you cook every day?
☐ ⓑ Did you cook every day?

❺ 그들은 에베레스트 산을 올랐다.

☐ ⓐ They climb Mount Everest.
☐ ⓑ They have climbed Mount Everest.

❻ 나는 잔을 물로 가득 채웠다.

☐ ⓐ I fill the glass with water.
☐ ⓑ I filled the glass with water.

B. **다음 동사의 뜻을 적고, 빈칸에 들어갈 동사 형태를 이용하여 퍼즐을 완성하세요.**

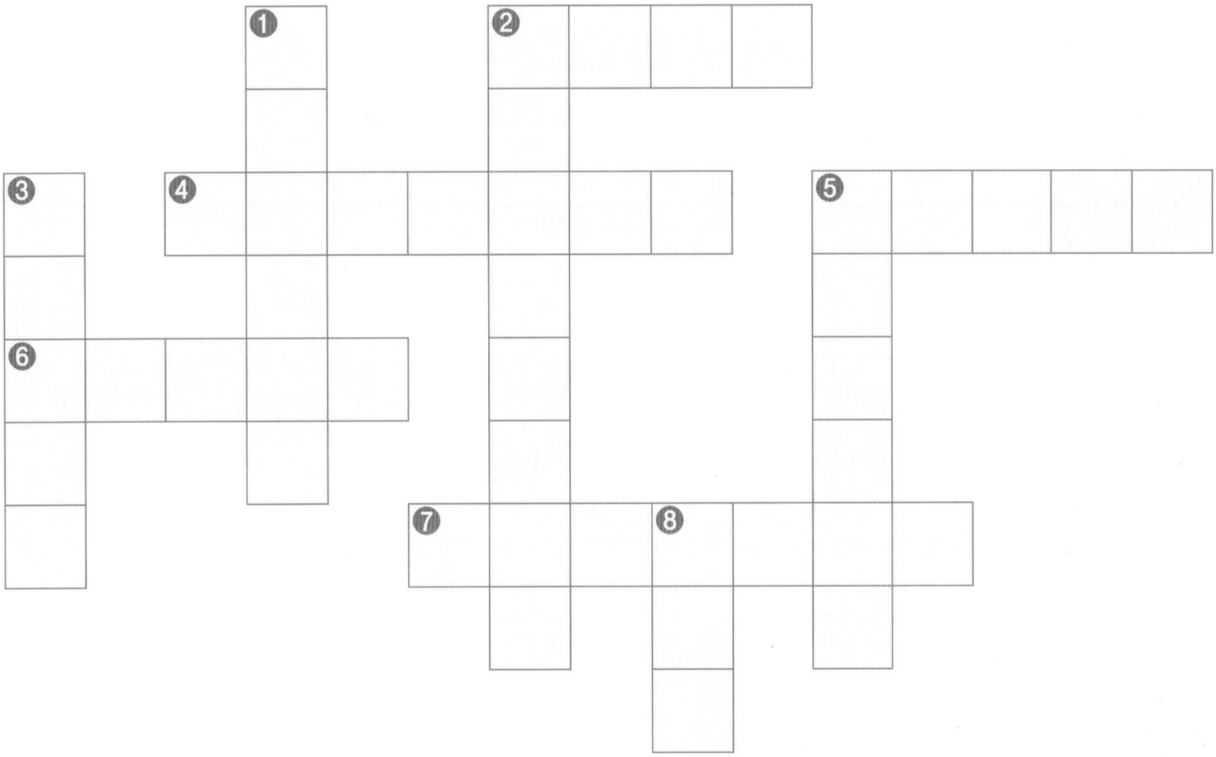

ACROSS →

동사원형(뜻)	과거형/과거분사형
❷ ________ (뜻: 실패하다)	– failed
❹ clean (뜻: ________)	– ________
❺ ________ (뜻: 건너다)	– crossed
❻ ________ (뜻: 들어가다, 입력하다)	– entered
❼ delay (뜻: 미루다)	– ________

DOWN ↓

동사원형(뜻)	과거형/과거분사형
❶ help (뜻: 돕다)	– ________
❷ finish (뜻: ________)	– ________
❸ ________ (뜻: 응원하다)	– cheered
❺ cook (뜻: ________)	– ________
❽ ________ (뜻: 더하다)	– added

동사원형	과거형	과거분사형
28 **learn**	**learn** 배우다	**learned** 배웠다	**learned** 배운

동사원형 You can ＿＿＿＿＿＿ online. 너는 온라인으로 배울 수 있다.

과거형 I ＿＿＿＿＿＿ about Earth today. 난 오늘 지구에 관해 배웠다.

과거분사형 So far, they have ＿＿＿＿＿＿ many things.
지금까지 그들은 많은 것을 알게 되었다.

29 **listen**	**listen** 듣다	**listened** 들었다	**listened** 들은

동사원형 Everybody, ＿＿＿＿＿＿ up! 모두, 잘 들어!

과거형 I ＿＿＿＿＿＿ to the music. 나는 그 음악을 들었다.

과거분사형 She has never ＿＿＿＿＿＿ to me. 그녀는 내 말을 전혀 듣지 않았다.

30 **look**	**look** 보다, (~으로) 보이다	**looked** 보았다, (~으로) 보였다	**looked** 본

동사원형 You ＿＿＿＿＿＿ tired. 너 피곤해 보여.

과거형 I ＿＿＿＿＿＿ in the mirror. 나는 거울을 봤다.

과거분사형 Have you ＿＿＿＿＿＿ under the bed? 침대 아래 봤어?

참고어휘 online 온라인으로; 온라인의 Earth 지구 so far 지금까지

	동사원형	과거형	과거분사형
31 **miss**	**miss** 놓치다	**missed** 놓쳤다	**missed** 놓친, 빠뜨린

동사원형 Hurry up, or we'll ______________ the train.
서둘러, 안 그러면 우린 기차를 놓칠 거야.

과거형 He ______________ the last bus. 그는 마지막 버스를 놓쳤다.

과거분사형 He hasn't ______________ a game all year.
그는 일 년 내내 한 경기도 안 놓쳤다.

	동사원형	과거형	과거분사형
32 **need**	**need** 필요하다	**needed** 필요했다	**needed** 필요한

동사원형 I ______________ an eraser. 난 지우개가 필요해.

과거형 She ______________ someone to help her.
그녀는 그녀를 도와줄 사람이 필요했다.

과거분사형 No words are ______________. 말이 필요 없다.

	동사원형	과거형	과거분사형
33 **open**	**open** 열다	**opened** 열었다	**opened** 열린

동사원형 ______________ your eyes. 눈을 떠.

과거형 He ______________ the door and went in.
그는 문을 열고 안으로 들어갔다.

과거분사형 The new park was ______________ to the public.
새 공원이 일반인들에게 개방되었다.

참고어휘 last 마지막의 someone 누군가 public 일반 사람들, 대중

동사원형	과거형	과거분사형

34

paint	**paint** 페인트칠하다	**painted** 페인트칠했다	**painted** 그린, 채색한

동사원형 **I will _____ the fence.**
나는 울타리에 페인트칠을 할 거야.

과거형 **He _____ the door red.** 그는 문을 빨간색으로 페인트칠했다.

과거분사형 **The room was _____ yellow.**
그 방은 노란색으로 칠해져 있었다.

35

pass	**pass** 합격하다	**passed** 합격했다	**passed** 합격한

동사원형 **My goal is to _____ the exam.**
내 목표는 시험에 합격하는 거야.

과거형 **She _____ the exam.** 그녀는 시험에 붙었다.

과거분사형 **Have you _____ every exam so far?**
너 지금까지 모든 시험을 통과했니?

36

pick	**pick** 따다, 고르다	**picked** 땄다, 골랐다	**picked** 선발된

동사원형 **Don't _____ flowers here.** 여기에서 꽃을 꺾지 마.

과거형 **He _____ some fruit.** 그는 과일을 좀 땄다.

과거분사형 **I have _____ the wrong one.** 내가 잘못 뽑았어.

참고어휘 **goal** 목표, 득점, 골 **exam** 시험

- PRACTICE -

A. 빈칸을 채워 표를 완성하세요.

	동사	뜻 (~하다)	동사원형	과거형	과거분사형
❶	learn		______	______	______
❷	listen		______	______	______
❸	look		______	______	______
❹	miss		______	______	______
❺	need		______	______	______
❻	open		______	______	______
❼	paint		______	______	______
❽	pass		______	______	______
❾	pick		______	______	______

B. 아래 상자에서 빈칸에 알맞은 동사를 찾아 써 보세요.

❶ I ______ to the music. 나는 그 음악을 들었다.

❷ Have you ______ under the bed? 침대 아래 봤어?

❸ You can ______ online. 너는 온라인으로 배울 수 있다.

❹ Hurry up, or we'll ______ the train. 서둘러, 안 그러면 우린 기차를 놓칠 거야.

learn miss looked listened

❺ No words are ______. 말이 필요 없다.

❻ The new park was ______ to the public. 새 공원이 일반인들에게 개방되었다.

❼ Don't ______ flowers here. 여기에서 꽃을 꺾지 마.

❽ He ______ the door red. 그는 문을 빨간색으로 페인트칠했다.

❾ She ______ the exam. 그녀는 시험에 붙었다.

pick painted needed passed opened

동사원형	과거형	과거분사형

37

play	**play** (게임 · 경기를) 하다	**played** (게임 · 경기를) 했다	**played** (게임 · 경기를) 한

동사원형 Let's _____ baseball after school. 수업 끝나고 야구하자.

과거형 My brother _____ mobile games.

형은 모바일 게임을 했다.

과거분사형 He has _____ really well this season.

그는 이번 시즌에 정말 잘 했다.

38

point	**point** 가리키다	**pointed** 가리켰다	**pointed** 지적하는, 정해진

동사원형 Please _____ to your picture. 당신의 그림을 가리켜 봐요.

과거형 I _____ at the boy. 나는 그 소년을 가리켰다.

과거분사형 Some TV shows have _____ out the issue.

몇몇 TV 쇼가 그 문제점을 지적해왔다.

39

push	**push** 밀다, 누르다	**pushed** 밀었다, 눌렀다	**pushed** 떠밀린, 눌린

동사원형 You _____ and I'll pull. 네가 밀면 내가 끌게.

과거형 I _____ the door open. 나는 그 문을 밀어서 열었다.

과거분사형 He was _____ hard. 그는 세게 떠밀렸다.

참고어휘 **mobile** 모바일의, 이동식의 **season** 시즌, 계절 **issue** 주제, 쟁점

동사원형	과거형	과거분사형

40

remember	**remember** 기억하다	**remembered** 기억했다	**remembered** 기억한, 기억되는

동사원형　You have to ＿＿＿＿＿＿＿ the password.
넌 비밀번호를 기억해야 해.

과거형　She ＿＿＿＿＿＿＿ me. 그녀는 나를 기억하고 있었다.

과거분사형　His name will be ＿＿＿＿＿＿＿ forever.
그의 이름은 영원히 기억될 것이다.

41

return	**return** 돌아오다	**returned** 돌아왔다	**returned** 돌아온, 반송된

동사원형　She will ＿＿＿＿＿＿＿ to London tonight.
그녀는 오늘 런던으로 돌아올 것이다.

과거형　I ＿＿＿＿＿＿＿ the book to the library.
나는 그 책을 도서관에 반납했다.

과거분사형　I have just ＿＿＿＿＿＿＿ home. 나는 막 집에 돌아왔다.

42

shock	**shock** 충격을 주다	**shocked** 충격을 줬다	**shocked** 충격을 받은

동사원형　I feel sorry that I have to ＿＿＿＿＿＿＿ my fans.
팬들을 놀라게 하여 죄송합니다.

과거형　His sudden death ＿＿＿＿＿＿＿ us all.
그의 갑작스러운 죽음은 우리 모두에게 충격을 주었다.

과거분사형　I'm ＿＿＿＿＿＿＿ at the news. 난 그 소식에 충격을 받았다.

참고어휘　**forever** 영원히　**sudden** 갑작스러운

43

	동사원형	과거형	과거분사형
sound	**sound** ~처럼 들리다	**sounded** ~처럼 들렸다	**sounded** 소리가 나는

동사원형 You ____________ just like your mother.
너는 말하는 게 꼭 네 엄마 같아[처럼 들려].

과거형 Your voice ____________ strange yesterday.
어제는 네 목소리가 이상하게 들렸어.

과거분사형 The alarm was ____________ at five. 그 경보는 5시에 울렸다.

44

	동사원형	과거형	과거분사형
start	**start** 시작하다	**started** 시작했다	**started** 시작한

동사원형 When does the class ____________? 수업은 언제 시작해?

과거형 Who ____________ to cry first? 누가 먼저 울기 시작했지?

과거분사형 The company was ____________ in 2007.
그 회사는 2007년에 시작했다.

45

	동사원형	과거형	과거분사형
stay	**stay** 머무르다	**stayed** 머물렀다	**stayed** 머문

동사원형 I'll ____________ overnight here. 난 여기서 1박할 거야.

과거형 I ____________ in bed all day. 나는 종일 침대에 누워 있었다.

과거분사형 We have ____________ long enough. 우리는 충분히 오래 머물렀다.

참고어휘 strange 이상한 overnight 하룻밤 동안 enough 충분히

- PRACTICE -

A. 빈칸을 채워 표를 완성하세요.

	동사	뜻 (~하다)	동사원형	과거형	과거분사형
❶	play		______	______	______
❷	point		______	______	______
❸	push		______	______	______
❹	remember		______	______	______
❺	return		______	______	______
❻	shock		______	______	______
❼	sound		______	______	______
❽	start		______	______	______
❾	stay		______	______	______

B. 아래 상자에서 빈칸에 알맞은 동사를 찾아 써 보세요.

❶ Please ______ to your picture. 당신의 그림을 가리켜 봐요.

❷ My brother ______ mobile games. 형은 모바일 게임을 했다.

❸ You ______ and I'll pull. 네가 밀면 내가 끌게.

❹ I ______ the book to the library. 난 그 책을 도서관에 반납했다.

played push point returned

❺ You have to ______ the password. 넌 비밀번호를 기억해야 해.

❻ His sudden death ______ us all. 그의 갑작스러운 죽음은 우리 모두에게 충격을 주었다.

❼ I ______ in bed all day. 나는 종일 침대에 누워 있었다.

❽ Your voice ______ strange yesterday. 어제는 네 목소리가 이상하게 들렸어.

❾ When does the class ______? 수업은 언제 시작해?

shocked remember start sounded stayed

동사원형	과거형	과거분사형

46

talk

talk 이야기하다	**talked** 이야기했다	**talked** 이야기한

동사원형 We need to _____ alone. 우리 단둘이서만 이야기 좀 해.

과거형 I _____ to him yesterday. 난 어제 그에게 이야기했다.

과거분사형 No one has _____ about this.

아무도 이것에 관해 얘기 안 했다.

47

thank

thank 감사하다	**thanked** 감사했다	**thanked** 감사한

동사원형 _____ you very much. 정말 감사합니다.

과거형 She _____ us for coming.

그녀가 우리에게 와줘서 고맙다고 했다.

과거분사형 I have _____ them for it many times.

나는 그 점에 대해 여러 번 그들에게 감사를 표했다.

48

turn

turn 돌다	**turned** 돌았다	**turned** 돌린

동사원형 _____ left at the corner. 모퉁이에서 왼쪽으로 돌아.

과거형 He _____ around, smiling at me.

그는 나를 향해 웃으며 돌아섰다.

과거분사형 Their car was _____ back at the border.

그들의 차는 국경에서 되돌려 보내졌다.

참고어휘 alone 혼자 many times 여러 번 corner 모퉁이 turn back 되돌려 보내다 border 국경

	동사원형	과거형	과거분사형
49 **visit**	**visit** 방문하다	**visited** 방문했다	**visited** 방문하는

동사원형 How often do you ______________ your grandmother?
넌 얼마나 자주 할머니를 방문하니?

과거형 Paul ______________ all the big stores. 폴은 큰 상점을 모두 방문했다.

과거분사형 Have you ever ______________ New York? 뉴욕을 방문해 본 적 있어?

	동사원형	과거형	과거분사형
50 **wait**	**wait** 기다리다	**waited** 기다렸다	**waited** 기다린

동사원형 ______________ for me here. 여기서 기다려줘.

과거형 He ______________ for you all day. 그는 종일 널 기다렸어.

과거분사형 I have ______________ for this day! 나는 이 날을 기다렸어!

	동사원형	과거형	과거분사형
51 **want**	**want** 원하다	**wanted** 원했다	**wanted** 원한

동사원형 I ______________ some cake. 케이크 먹고 싶다.

과거형 It's just what I ______________! 이것은 딱 내가 원하던 거야!

과거분사형 I have always ______________ you to be happy.
나는 항상 네가 행복하길 원했어.

참고어휘 store 상점 ever 한 번이라도

52

	동사원형	과거형	과거분사형
wash	**wash** 씻다	**washed** 씻었다	**washed** 씻은

동사원형 Go and ____________ your hands. 가서 손 좀 씻어.

과거형 I ____________ my entire body. 난 온몸을 씻었다.

과거분사형 She has just ____________ the dishes. 그녀는 막 설거지를 했다.

53

	동사원형	과거형	과거분사형
watch	**watch** 지켜보다	**watched** 지켜봤다	**watched** 지켜본, 주목받는

동사원형 I ____________ television every evening.
난 매일 저녁 텔레비전을 시청한다.

과거형 I just ____________. 난 그냥 구경만 했어요.

과거분사형 The program is ____________ by a lot of children.
그 프로그램은 많은 어린이들이 시청한다.

54

	동사원형	과거형	과거분사형
work	**work** 일하다	**worked** 일했다	**worked** 일한, 처리된

동사원형 Where do you ____________? 어디서 일하세요?

과거형 She ____________ as a computer programmer.
그녀는 컴퓨터 프로그래머로 일했다.

과거분사형 He has ____________ with us for 5 years.
그는 5년 동안 우리와 일하고 있다.

참고어휘 entire 전체의, 온 dish 접시 programmer 프로그래머 with us 우리와 함께

- PRACTICE -

A. 빈칸을 채워 표를 완성하세요.

	동사	뜻 (~하다)	동사원형	과거형	과거분사형
❶	talk				
❷	thank				
❸	turn				
❹	visit				
❺	wait				
❻	want				
❼	wash				
❽	watch				
❾	work				

B. 아래 상자에서 빈칸에 알맞은 동사를 찾아 써 보세요.

❶ I ______________ to him yesterday. 난 어제 그에게 이야기했다.

❷ ______________ you very much. 정말 감사합니다.

❸ He ______________ for you all day. 그는 종일 널 기다렸어.

❹ ______________ left at the corner. 모퉁이에서 왼쪽으로 돌아.

waited   Thank   talked   Turn

❺ The program is ______________ by a lot of children. 그 프로그램은 많은 어린이들이 시청한다.

❻ I ______________ some cake. 케이크 먹고 싶다.

❼ She ______________ as a computer programmer. 그녀는 컴퓨터 프로그래머로 일했다.

❽ Have you ever ______________ New York? 뉴욕을 방문해 본 적 있어?

❾ Go and ______________ your hands. 가서 손 좀 씻어.

watched   visited   want   wash   worked

Review Test

Day 04~06

A. 우리말 의미에 맞는 문장에 V 표시를 하세요.

❶ 그는 마지막 버스를 놓쳤다.

☐ ⓐ He missed the last bus.

☐ ⓑ He misses the last bus.

❷ 나는 거울을 봤다.

☐ ⓐ I will look in the mirror.

☐ ⓑ I looked in the mirror.

❸ 그녀는 오늘 런던으로 돌아올 것이다.

☐ ⓐ She will return to London tonight.

☐ ⓑ She returned to London tonight.

❹ 나는 종일 침대에 누워 있었다.

☐ ⓐ I stay in bed all day.

☐ ⓑ I stayed in bed all day.

❺ 그는 종일 널 기다렸어.

☐ ⓐ He waited for you all day.

☐ ⓑ He will wait for you all day.

❻ 난 매일 저녁 텔레비전을 시청한다.

☐ ⓐ I watch television every evening.

☐ ⓑ I watched television every evening.

B. 다음 동사의 뜻을 적고, 빈칸에 들어갈 동사 형태를 이용하여 퍼즐을 완성하세요.

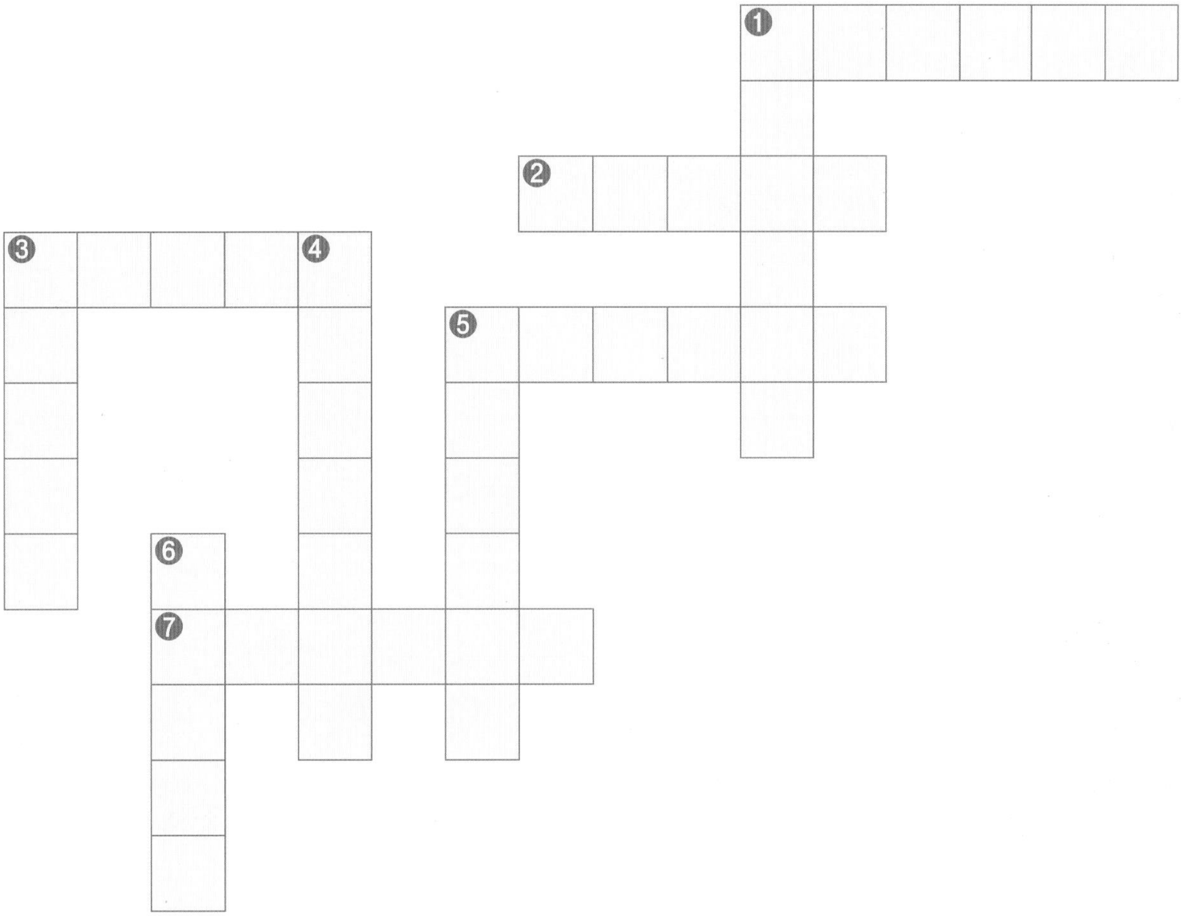

ACROSS →

동사원형(뜻) 과거형/과거분사형

1. wash (뜻: __________) – __________
2. __________ (뜻: 배우다) – learned
3. __________ (뜻: __________) – started
5. play (뜻: (게임·경기를) 하다) – __________
7. open (뜻: __________) – __________

DOWN ↓

동사원형(뜻) 과거형/과거분사형

1. work (뜻: 일하다) – __________
3. __________ (뜻: 충격을 주다) – shocked
4. thank (뜻: 감사하다) – __________
5. pass (뜻: 합격하다) – __________
6. __________ (뜻: __________) – pointed

동사원형	과거형	과거분사형

55

agree	**agree** 동의하다	**agreed** 동의했다	**agreed** 동의한

동사원형 I totally _____. 전적으로 동의해.

과거형 I _____ with you. 난 너에게 동의했다.

과거분사형 We have all _____ to leave. 우리 모두 떠나기로 합의했다.

56

arrive	**arrive** 도착하다	**arrived** 도착했다	**arrived** 도착한

동사원형 What time do you _____? 몇 시에 도착해?

과거형 She _____ here at three o'clock.

그녀는 3시에 여기 도착했다.

과거분사형 Everyone, he has _____. 여러분, 그분이 오셨어요.

57

bake	**bake** 굽다	**baked** 구웠다	**baked** 구운, 구워진

동사원형 We _____ muffins. 우리는 머핀을 굽는다.

과거형 She _____ me a cake. 그녀는 내게 케이크를 구워 주었다.

과거분사형 The bread is just _____. 그 빵 지금 막 구워졌어.

참고어휘 totally 완전히 muffin 머핀

동사원형	과거형	과거분사형

58

believe	**believe** 믿다	**believed** 믿었다	**believed** 믿는

동사원형 _____ me! 내 말을 믿어도 좋아[정말이라니까]!

과거형 Nobody _____ me. 아무도 나를 안 믿었다.

과거분사형 Friday the 13th is _____ to be an unlucky day.
13일의 금요일은 불길한 날이라고 여겨진다.

59

change	**change** 바꾸다	**changed** 바꿨다	**changed** 바꾼, 바뀐

동사원형 I need to _____ the way I think.
난 생각하는 방식을 바꿔야 한다.

과거형 Paul _____ his mind. 폴은 마음을 바꿨다.

과거분사형 Have you _____ your phone number?
너 전화번호 바꿨어?

60

close	**close** 닫다, 덮다	**closed** 닫았다, 덮었다	**closed** 닫힌, 덮인

동사원형 _____ the book, please. 책을 덮으세요.

과거형 I _____ the door. 나는 문을 닫았다.

과거분사형 The road was _____ for hours.
그 도로는 몇 시간 동안 폐쇄되었다.

참고어휘 nobody 아무도 ~않다 unlucky 불행한 mind 마음

동사원형	과거형	과거분사형

61

decide	**decide** 결정하다, 결심하다	**decided** 결정했다, 결심했다	**decided** 결정한, 결심한

동사원형　Let's _____ what to eat. 무엇을 먹을지 결정하자.

과거형　I _____ to get up early. 나는 일찍 일어나기로 결심했다.

과거분사형　They have _____ to close the store.

그들은 가게 문을 닫기로 결정했다.

62

die	**die** 죽다	**died** 죽었다	**died** 죽은

동사원형　The cat is sick and will _____ soon.

그 고양이는 아파서 곧 죽게 될 거야.

과거형　He _____ five years ago. 그는 5년 전에 죽었다.

과거분사형　So far many people have _____.

지금까지 많은 사람이 죽었다.

63

divide	**divide** 나누다	**divided** 나눴다	**divided** 나누어진, 분리된

동사원형　Let's _____ it into six equal parts. 이것을 6등분하자.

과거형　My teacher _____ us into two groups.

선생님께서 우리를 두 그룹으로 나눴다.

과거분사형　This book is _____ into three parts.

이 책은 3개의 파트로 나눠져 있다.

참고어휘　early 일찍　equal 동일한　part 부분

- PRACTICE -

A. 빈칸을 채워 표를 완성하세요.

	동사	뜻 (~하다)	동사원형	과거형	과거분사형
❶	agree				
❷	arrive				
❸	bake				
❹	believe				
❺	change				
❻	close				
❼	decide				
❽	die				
❾	divide				

B. 아래 상자에서 빈칸에 알맞은 동사를 찾아 써 보세요.

❶ She ____________ here at three o'clock. 그녀는 3시에 여기 도착했다.

❷ We have all ____________ to leave. 우리 모두 떠나기로 합의했다.

❸ We ____________ muffins. 우리는 머핀을 굽는다.

❹ Nobody ____________ me. 아무도 나를 안 믿었다.

believed agreed arrived bake

❺ Have you ____________ your phone number? 너 전화번호를 바꿨어?

❻ The road was ____________ for hours. 그 도로는 몇 시간 동안 폐쇄되었다.

❼ So far many people have ____________. 지금까지 많은 사람이 죽었다.

❽ Let's ____________ what to eat. 무엇을 먹을지 결정하자.

❾ This book is ____________ into three parts. 이 책은 3개의 파트로 나눠져 있다.

died decide divided changed closed

동사원형	과거형	과거분사형

64

invite	**invite** 초대하다	**invited** 초대했다	**invited** 초대받은

동사원형 Who did you _____? 넌 누구를 초대했니?

과거형 He _____ his friends to dinner.
그는 친구들을 저녁 식사에 초대했다.

과거분사형 I was very glad to be _____. 나는 초대받아 무척 기뻤다.

65

lie	**lie** 거짓말하다	**lied** 거짓말했다	**lied** 거짓말한

동사원형 My friends don't _____. 내 친구들은 거짓말을 안 해.

과거형 I _____ about my age. 나는 내 나이를 속였다.

과거분사형 Have you ever _____ to your mother?
엄마한테 거짓말한 적이 있어?

66

live	**live** 살다	**lived** 살았다	**lived** 살아온

동사원형 I _____ near here. 나는 이 근처에 살아.

과거형 They _____ in Beijing last year.
그들은 작년에 북경에서 살았다.

과거분사형 We have _____ here for ten years.
우리는 여기서 10년째 살고 있다.

참고어휘 age 나이

67

	동사원형	과거형	과거분사형
love	**love** 사랑하다	**loved** 사랑했다	**loved** 사랑한

동사원형 I __________ my family. 난 우리 가족을 사랑해.

과거형 We __________ comic books. 우리는 만화책을 너무나 좋아했다.

과거분사형 I'm not alone, and I am __________.
난 혼자가 아니고, 사랑받고 있어.

68

	동사원형	과거형	과거분사형
move	**move** 움직이다, 감동시키다	**moved** 움직였다, 감동시켰다	**moved** 움직인, 감동 받은

동사원형 It didn't __________ at all. 그것은 전혀 꿈쩍도 안 했다.

과거형 We __________ our chairs. 우리는 의자를 옮겼다.

과거분사형 She has __________ in next door. 그녀는 옆집으로 이사를 왔다.

69

	동사원형	과거형	과거분사형
save	**save** 구하다, 저축하다	**saved** 구했다, 저축했다	**saved** 구조된, 저축된, 저축한

동사원형 How much do you __________? 얼마나 저축해?

과거형 The doctor __________ her life. 그 의사가 그녀의 목숨을 구했다.

과거분사형 I've __________ almost $100 so far.
난 지금까지 거의 100달러를 모았다.

참고어휘 comic (book) 만화책, 만화 잡지 next door 옆집에, 옆방에

동사원형	과거형	과거분사형

70

smile	**smile** 웃다	**smiled** 웃었다	**smiled** 웃은

동사원형 He never seems to _____. 그는 절대로 웃지 않는 것 같다.

과거형 The baby _____ at me. 아기가 내게 미소 지었다.

과거분사형 Have you ever _____ at her? 그녀에게 웃어준 적 있어?

71

taste	**taste** 맛이 나다, 맛보다	**tasted** 맛이 났다, 맛봤다	**tasted** 맛본

동사원형 Does it _____ okay? 맛이 괜찮아?

과거형 It _____ like chocolate. 그것은 초콜릿 맛이 났다.

과거분사형 I have not _____ the soup yet.

나는 아직 그 수프 맛을 못 봤다.

72

use	**use** 사용하다	**used** 사용했다	**used** 이용된, 사용한

동사원형 Can I _____ your phone? 네 전화 좀 써도 될까?

과거형 I _____ my computer at home.

난 집에서 컴퓨터를 이용했다.

과거분사형 English is _____ all over the world.

영어는 전 세계적으로 사용된다.

참고어휘 never 결코 ~않다 seem ~인 것 같다 all over the world 전 세계에

- PRACTICE -

A. 빈칸을 채워 표를 완성하세요.

	동사	뜻 (~하다)	동사원형	과거형	과거분사형
❶	invite				
❷	lie				
❸	live				
❹	love				
❺	move				
❻	save				
❼	smile				
❽	taste				
❾	use				

B. 아래 상자에서 빈칸에 알맞은 동사를 찾아 써 보세요.

❶ Who did you ____________? 넌 누구를 초대했어?

❷ My friends don't ____________. 내 친구들은 거짓말을 안 해.

❸ I'm not alone, and I am ____________. 난 혼자가 아니고, 사랑받고 있어.

❹ They ____________ in Beijing last year. 그들은 작년에 북경에서 살았다.

lie loved lived invite

❺ The baby ____________ at me. 아기가 내게 미소 지었다.

❻ We ____________ our chairs. 우리는 의자를 옮겼다.

❼ Does it ____________ okay? 맛이 괜찮아?

❽ I ____________ my computer at home. 난 집에서 컴퓨터를 이용했다.

❾ I've ____________ almost $100 so far. 난 지금까지 거의 100달러를 모았다.

saved used moved taste smiled

09.mp3

	동사원형	과거형	과거분사형
73 **try**	**try** 노력하다, 시도하다	**tried** 노력했다, 시도했다	**tried** 노력한, 시도한

동사원형 Please __________ again. 다시 시도해봐요.

과거형 I __________ to pass the test. 나는 시험을 통과하려고 노력했다.

과거분사형 We know that he has __________ hard.
우리는 그가 열심히 애를 썼다는 것을 안다.

	동사원형	과거형	과거분사형
74 **study**	**study** 공부하다	**studied** 공부했다	**studied** 공부한

동사원형 I want to __________ AI. 난 인공 지능을 공부하고 싶어.

과거형 He __________ to be an architect.
그는 건축가가 되기 위해 공부했다.

과거분사형 She has __________ about dreams.
그녀는 꿈에 관한 연구를 해왔다.

	동사원형	과거형	과거분사형
75 **carry**	**carry** 들고 가다	**carried** 들고 갔다	**carried** 운반된

동사원형 Let me __________ that for you. 내가 그거 들어 줄게.

과거형 She __________ her bag upstairs.
그녀는 가방을 위층으로 가지고 갔다.

과거분사형 Oil is __________ in a barrel. 석유는 통에 담겨 운반된다.

참고어휘 AI(artificial intelligence) 인공 지능 architect 건축가 upstairs 위층으로 barrel 통, 배럴

동사원형	과거형	과거분사형

76

hurry	**hurry** 서두르다	**hurried** 서둘렀다	**hurried** 서두르는, 매우 급한

동사원형 _____ up! You'll be late. 서둘러라! 늦겠다.

과거형 He _____ away. 그는 서둘러 가버렸다.

과거분사형 I shouldn't have _____ so much.
난 그렇게 서두르지 말았어야 했어.

77

marry	**marry** (~와) 결혼하다	**married** (~와) 결혼했다	**married** (~와) 결혼한

동사원형 John is going to _____ her on Saturday.
존은 그녀와 토요일에 결혼할 예정이다.

과거형 They _____ in 2016. 그들은 2016년에 결혼했다.

과거분사형 Is he _____ or single? 그는 기혼인가요, 미혼인가요?

78

worry	**worry** 걱정하다	**worried** 걱정했다	**worried** 걱정되는

동사원형 Don't _____ too much. 너무 걱정하지 마.

과거형 We _____ for nothing. 우리는 공연한 걱정을 했다.

과거분사형 I'm a little _____. 난 약간 걱정돼.

참고어휘 shouldn't have hurried 서두르지 말았어야 하다 single 독신인 too much 너무 많이 for nothing 헛되이, 공연히

동사원형	과거형	과거분사형

79

drop	**drop** 떨어지다, 떨어뜨리다	**dropped** 떨어졌다, 떨어뜨렸다	**dropped** 떨어진

동사원형 Be careful not to _____ that plate.
그 접시 떨어뜨리지 않게 조심해.

과거형 I _____ my phone. 난 전화기를 떨어뜨렸다.

과거분사형 Beef sales have _____ greatly. 쇠고기 판매가 크게 하락했다.

80

shop	**shop** 쇼핑하다	**shopped** 쇼핑했다	**shopped** 쇼핑한

동사원형 They _____ for groceries once a week.
그들은 일주일에 한 번 장을 본다.

과거형 She always _____ at the same market.
그녀는 항상 같은 시장에서 장을 봤다.

과거분사형 I haven't _____ online before.
난 전에 온라인으로 쇼핑해 본 적이 없다.

81

stop	**stop** 멈추다	**stopped** 멈췄다	**stopped** 멈춘

동사원형 _____ thinking about it. 그것에 관한 생각을 멈춰.

과거형 I _____ eating fast food. 나는 패스트푸드 먹는 것을 그만뒀다.

과거분사형 The police have _____ the car. 경찰이 그 차를 세웠다.

참고어휘 careful 조심하는 plate 접시 grocery 식료품과 잡다한 생활용품 before 예전에

- PRACTICE -

A. 빈칸을 채워 표를 완성하세요.

	동사	뜻 (~하다)	동사원형	과거형	과거분사형
❶	try				
❷	study				
❸	carry				
❹	hurry				
❺	marry				
❻	worry				
❼	drop				
❽	shop				
❾	stop				

B. 아래 상자에서 빈칸에 알맞은 동사를 찾아 써 보세요.

❶ She ______________ her bag upstairs. 그녀는 가방을 위층으로 가지고 갔다.

❷ I ______________ to pass the test. 나는 시험을 통과하려고 노력했다.

❸ He ______________ away. 그는 서둘러 가버렸다.

❹ He ______________ to be an architect. 그는 건축가가 되기 위해 공부했다.

tried studied carried hurried

❺ She always ______________ at the same market. 그녀는 항상 같은 시장에서 장을 봤다.

❻ ______________ thinking about it. 그것에 관한 생각을 멈춰.

❼ I ______________ my phone. 난 전화기를 떨어뜨렸다.

❽ Don't ______________ too much. 너무 걱정하지 마.

❾ Is he ______________ or single? 그는 기혼인가요, 미혼인가요?

dropped worry married Stop shopped

Review Test Day 07~09

A. 우리말 의미에 맞는 문장에 V 표시를 하세요.

❶ 나는 이 근처에 살아.

- ☐ ⓐ I live near here.
- ☐ ⓑ I lived near here.

❷ 난 너에게 동의했다.

- ☐ ⓐ I agree with you.
- ☐ ⓑ I agreed with you.

❸ 나는 일찍 일어나기로 결심했다.

- ☐ ⓐ I decided to get up early.
- ☐ ⓑ I will decide to get up early.

❹ 그것은 초콜릿 맛이 났다.

- ☐ ⓐ It tasted like chocolate.
- ☐ ⓑ It tastes like chocolate.

❺ 그들은 일주일에 한 번 장을 본다.

- ☐ ⓐ They shop for groceries once a week.
- ☐ ⓑ They shopped for groceries once a week.

❻ 우리는 그가 열심히 애를 썼다는 것을 안다.

- ☐ ⓐ We know that he has tried hard.
- ☐ ⓑ We know that he will try hard.

B. 다음 동사의 뜻을 적고, 빈칸에 들어갈 동사 형태를 이용하여 퍼즐을 완성하세요.

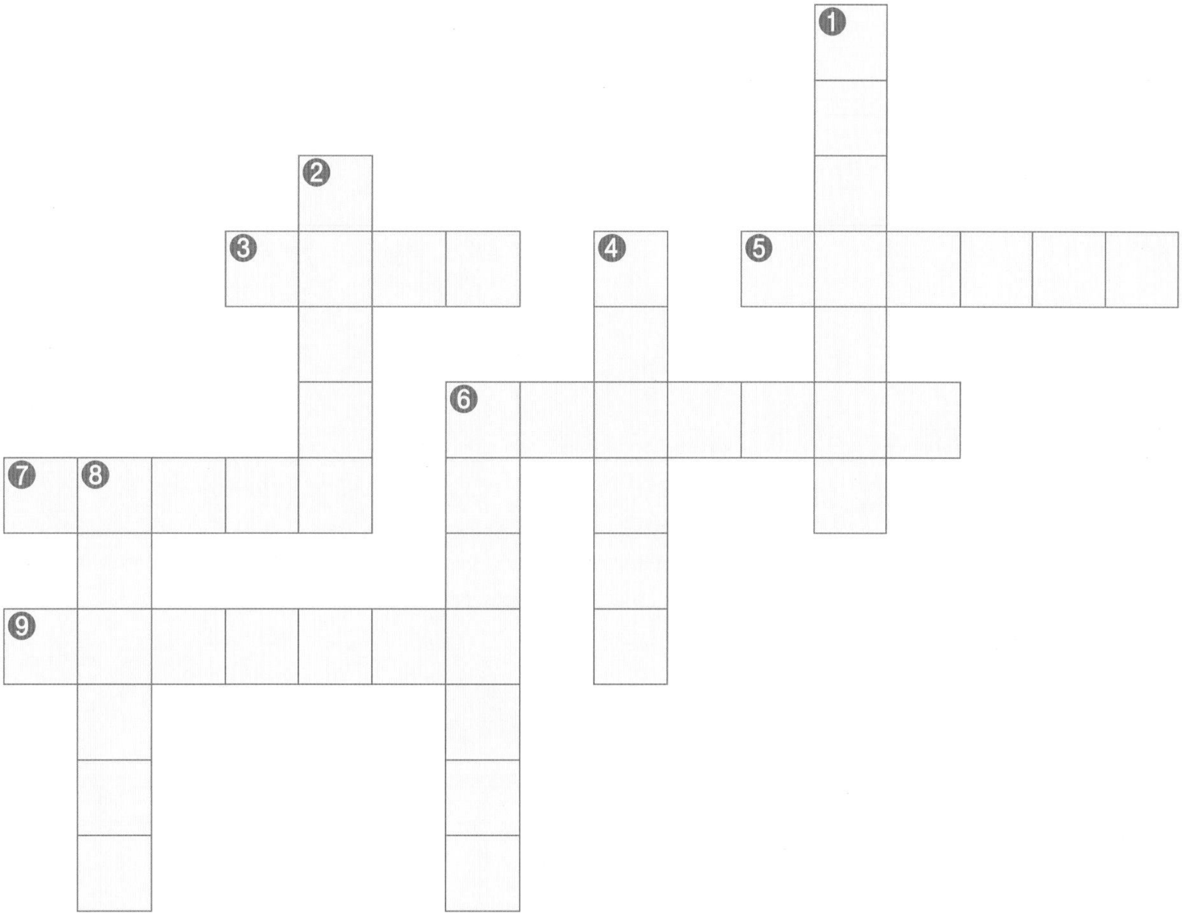

ACROSS →

동사원형(뜻) 과거형/과거분사형

③ ________ (뜻: 움직이다, 감동시키다) – moved

⑤ ________ (뜻: ________) – invited

⑥ stop (뜻: 멈추다) – ________

⑦ ________ (뜻: ~와 결혼하다) – married

⑨ drop (뜻: ________) – ________

DOWN ↓

동사원형(뜻) 과거형/과거분사형

① change (뜻: ________) – ________

② ________ (뜻: 걱정하다) – worried

④ close (뜻: ________) – ________

⑥ study (뜻: 공부하다) – ________

⑧ ________ (뜻: 도착하다) – arrived

그런데 항상 -ed가 붙는 것만은 아니야. know처럼 불규칙하게 철자가 변하는 동사들도 많거든.
know-knew-known
아이쿠! 머리 아파.
걱정 마. 비슷한 유형끼리 묶어서 익히면 쉽게 기억할 수 있어.

Part 2

불규칙 변화 동사 익히기

파트 2에서는 과거형, 과거분사로 변할 때 -ed가 붙지 않고 불규칙하게 변하는 동사들을 익혀 봅니다. 이런 불규칙 변화 동사들도 변화 유형이 비슷한 것들끼리 묶으면 쉽게 외울 수 있습니다.

1. 불규칙 변화 동사의 3가지 유형을 알아봅시다.

1) **A-A-A형:** 동사원형, 과거형, 과거분사의 모양이 모두 같아요. 보통 길이가 짧은 단어들이 많아요.

A 동사원형		A 과거형		A 과거분사형
cut	–	cut	–	cut
hit	–	hit	–	hit
set	–	set	–	set
hurt	–	hurt	–	hurt

2) **A-B-A형:** 동사원형과 과거분사형의 모양이 같아요. 이 유형에 속하는 동사의 수가 가장 적어요.

A 동사원형		B 과거형		A 과거분사형
come	–	came	–	come
become	–	became	–	become
run	–	ran	–	run

3) **A-B-B형:** 과거형과 과거분사형의 모양이 같아요. 이 유형의 동사 수가 가장 많아요.

A 동사원형		B 과거형		B 과거분사형
build	–	built	–	built
hear	–	heard	–	heard
meet	–	met	–	met
stand	–	stood	–	stood

4) **A-B-C형:** 동사원형, 과거형, 과거분사형의 모양이 모두 달라요. 외우기 어렵지만 자주 접하는 동사예요.

A 동사원형		B 과거형		C 과거분사형
begin	–	began	–	begun
know	–	knew	–	known
give	–	gave	–	given
ride	–	rode	–	ridden

2. 세 가지 동사의 형태를 언제 써야 하는지 알아봅시다.

1) 동사원형을 쓰는 경우

❶ 현재시제에서 주어가 I/You/We/They, 복수 등일 때

They **write** songs and play together. 그들은 함께 노래를 쓰고 연주한다.

* 주어가 He/She/It일 때는 동사원형 뒤에 -s 또는 -es를 붙여요.

She **writes** short novels. 그녀는 단편 소설을 쓴다.

❷ **명령문에서**

Write your name on the paper. 종이에 네 이름을 써.

❸ **조동사 뒤에서**

I can **write** well. 나는 글씨를 잘 쓸 수 있다.
Which book did you **write** first? 무슨 책을 맨 처음 썼어요?

❹ **to부정사의 to 뒤에서**

He wants to **write** great songs. 그는 좋은 곡을 많이 쓰길 바란다.

2) 과거형을 쓰는 경우

주어의 인칭과 단·복수 상관 없이 과거의 동작과 상태를 나타낼 때

She **wrote** her ideas in a notebook. 그녀는 공책에 생각을 적었다.

3) 과거분사형을 쓰는 경우

❶ **'be동사 + 과거분사' 형태로 수동태를 나타낼 때**

The note is **written** in Spanish. 그 메모는 스페인어로 쓰여 있다.

❷ **'have + 과거분사' 형태로 완료 시제를 나타낼 때**

The author has **written** three novels so far. 그 작가는 지금까지 세 편의 소설을 썼다.

❸ **단독으로 형용사 역할을 할 때**

I passed the **written** test. 나는 필기시험에 합격했다.

다음 페이지부터는 동사의 3단 변화 형태를 익히며, 활용 문장을 바르게 완성해 보세요.

10.mp3

	동사원형	과거형	과거분사형
82 **cut**	**cut** 베다, 자르다	**cut** 벴다, 잘랐다	**cut** 베인, 자른

동사원형 ________ the apple in half. 사과를 반으로 잘라.

과거형 She ________ her finger. 그녀는 손가락을 베였다.

과거분사형 Useful trees are ________ down first.
쓸 만한 나무는 먼저 베어진다. (속담)

	동사원형	과거형	과거분사형
83 **shut**	**shut** 닫다, 닫히다	**shut** 닫았다, 닫혔다	**shut** 닫은, 닫힌

동사원형 The window won't ________. 창문이 닫히지가 않는다.

과거형 The front door ________ gently. 현관문이 부드럽게 닫혔다.

과거분사형 The door was ________ tight. 문은 굳게 닫혀 있었다.

	동사원형	과거형	과거분사형
84 **hurt**	**hurt** 다치게 하다, 아프다	**hurt** 다치게 했다, 아팠다	**hurt** 다친, 아픈

동사원형 My feet ________. 난 발이 아파.

과거형 He ________ his back in an accident.
그는 사고로 허리를 다쳤다.

과거분사형 Who got ________ in the accident? 그 사고에서 누가 다쳤어?

get + 과거분사: (주어가) 과거분사 상태가 되다

참고어휘 useful 유용한 cut down a tree 나무를 베다 tight 단단히, 꽉

동사원형	과거형	과거분사형

85

put	**put** 놓다, 두다	**put** 놓았다, 두었다	**put** 놓은, 둔

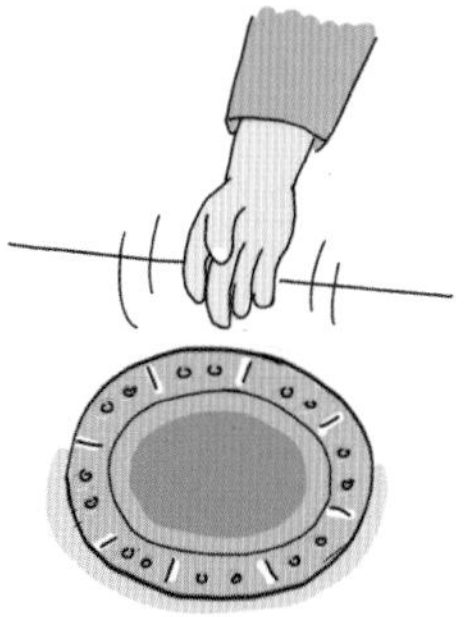

동사원형　_____ your pens down. 펜을 내려놓으세요.

과거형　She _____ the plate on the table.

그녀는 탁자 위에 접시를 두었다.

과거분사형　Where can she have _____ it?

도대체 그녀가 그것을 어디에 뒀을까?

86

hit	**hit** 치다	**hit** 쳤다	**hit** 친, 치인

동사원형　Don't _____ it so hard! 그걸 그렇게 힘껏 치지 마!

과거형　He _____ the wall. 그는 벽을 쳤다.

과거분사형　I was _____ by a bicycle. 난 자전거에 치였어요.

87

let	**let** 시키다, ~하게 하다	**let** 시켰다, ~하게 했다	**let** 시킨

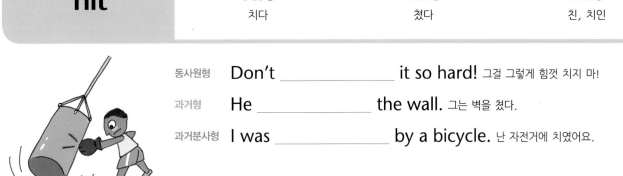

동사원형　_____ me tell you. 내가 말해 줄게.

과거형　She _____ the bird fly away. 그녀는 그 새를 날려 보냈다.

과거분사형　He has never _____ me down.

그는 나를 실망시킨 적이 없다.

 wall 벽　　let someone down ~을 실망시키다

동사원형	과거형	과거분사형

88

set	**set** 놓다, 차리다	**set** 놓았다, 차렸다	**set** 놓은, 차린

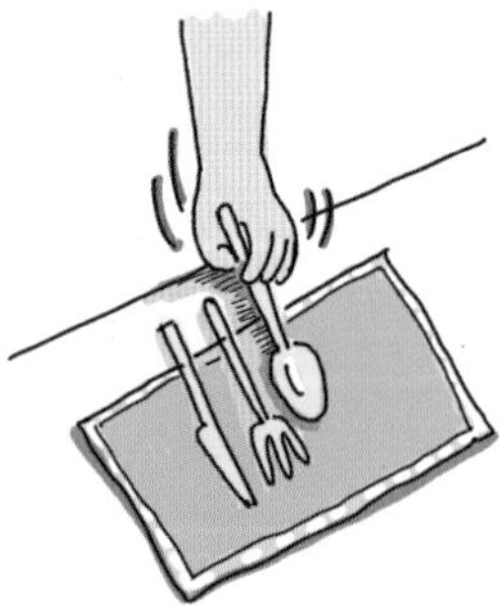

동사원형 _____ the table. 상을 차려라.

과거형 She _____ a tray down on the table.
그녀는 쟁반을 탁자 위에 내려 놓았다.

과거분사형 The table is _____ for two. 이 테이블은 2인용으로 준비되었다.

89

cost	**cost** (비용이) …들다	**cost** (비용이) …들었다	**cost** (비용이) …든

동사원형 How much did it _____? 그거 얼마나 들었어?

과거형 It _____ a lot of money. 비용이 많이 들었다.

과거분사형 The mistake has _____ him a great deal.
그 실수로 그는 큰 비용[대가]을 치렀다.

과거형과 과거분사형은 현재형과 달리
[레드]처럼 발음된다는 점에 유의하세요.

90

read	**read** 읽다	**read** 읽었다	**read** 읽은, 읽힌

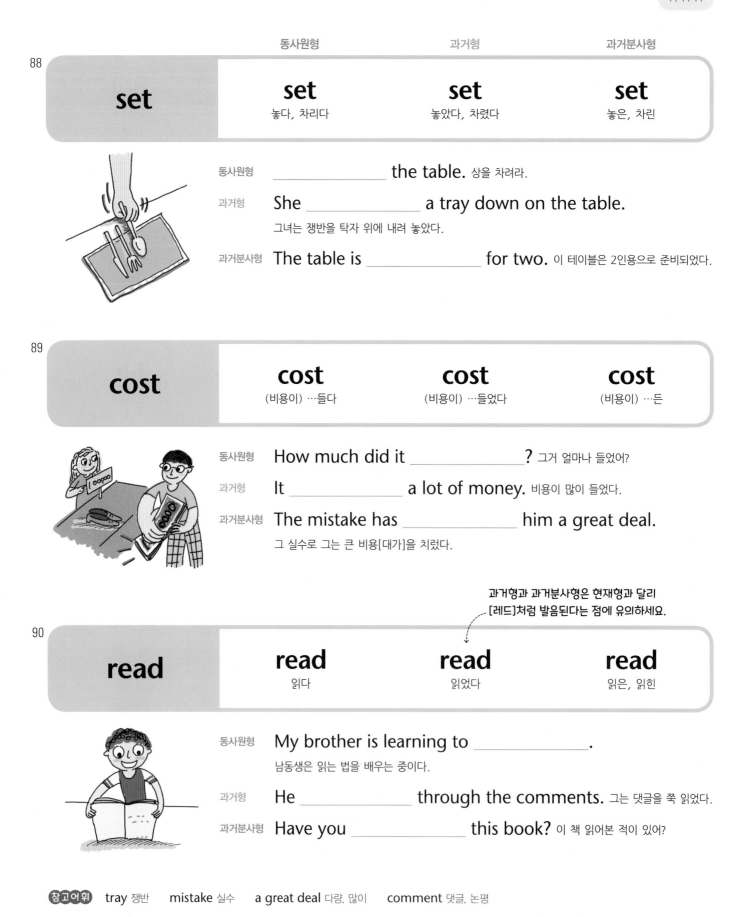

동사원형 My brother is learning to _____.
남동생은 읽는 법을 배우는 중이다.

과거형 He _____ through the comments. 그는 댓글을 쭉 읽었다.

과거분사형 Have you _____ this book? 이 책 읽어본 적이 있어?

참고어휘 tray 쟁반 mistake 실수 a great deal 다량, 많이 comment 댓글, 논평

- PRACTICE -

A. 빈칸을 채워 표를 완성하세요.

	동사	뜻 (~하다)	동사원형	과거형	과거분사형
❶	cut				
❷	shut				
❸	hurt				
❹	put				
❺	hit				
❻	let				
❼	set				
❽	cost				
❾	read				

B. 아래 상자에서 빈칸에 알맞은 동사를 찾아 써 보세요.

❶ The window won't ______________. 창문이 닫히지가 않는다.

❷ She ______________ her finger. 그녀는 손가락을 베였다.

❸ She ______________ the plate on the table. 그녀는 탁자 위에 접시를 두었다.

❹ Who got ______________ in the accident? 그 사고에서 누가 다쳤어?

put cut shut hurt

❺ How much did it ______________? 그거 얼마나 들었어?

❻ The table is ______________ for two. 이 테이블은 2인용으로 준비되었다.

❼ Have you ______________ this book? 이 책 읽어본 적 있어?

❽ I was ______________ by a bicycle. 난 자전거에 치였어요.

❾ She ______________ the bird fly away. 그녀는 그 새를 날려 보냈다.

set read hit let cost

동사원형	과거형	과거분사형

91

become	**become** ~이 되다	**became** ~이 됐다	**become** ~이 된

동사원형 I exercised to _____ healthy. 나는 건강해지려고 운동했다.

과거형 We _____ friends. 우리는 친구가 되었다.

과거분사형 She has _____ a rising star. 그녀는 떠오르는 스타가 되었다.

92

come	**come** 오다	**came** 왔다	**come** 온

동사원형 _____ here. 여기로 와봐.

과거형 I _____ to see you. 난 널 보러 왔어.

과거분사형 Spring has _____. 봄이 왔다.

93

run	**run** 달리다	**ran** 달렸다	**run** 달린

동사원형 I want to _____ freely. 난 자유롭게 달리고 싶다.

과거형 She _____ to the finish line. 그녀는 결승선까지 달렸다.

과거분사형 He has already _____ for the doctor.

그는 이미 의사를 부르러 급히 갔다.

 참고어휘 exercise 운동하다 healthy 건강한 freely 자유롭게

94

	동사원형	과거형	과거분사형
hang	**hang** 매달다	**hung** 매달았다	**hung** 매단, 매달린

동사원형 ____________ your coat up on a hook. 코트를 고리에 걸어라.

과거형 He ____________ a lamp from the ceiling.
그는 천장에 램프를 매달았다.

과거분사형 The picture is ____________ upside down.
그림이 거꾸로 걸려 있다.

95

	동사원형	과거형	과거분사형
dig	**dig** (땅을) 파다	**dug** (땅을) 팠다	**dug** (땅을) 판

동사원형 I'm going to ____________ a hole. 난 구멍을 하나 팔 거야.

과거형 They ____________ deeper but still found nothing.
그들은 더 깊이 팠지만 아무것도 찾지 못했다.

과거분사형 The mummy was ____________ up in 1875.
그 미라는 1875년에 발굴되었다.

96

	동사원형	과거형	과거분사형
sit	**sit** 앉다	**sat** 앉았다	**sat** 앉은

동사원형 ____________ down next to me. 내 옆에 앉아.

과거형 We ____________ at the table. 우리는 식탁에 앉았다.

과거분사형 He has just ____________ at the desk. 그는 막 책상에 앉았다.

참고어휘 hook 고리 ceiling 천장 upside down 거꾸로 hole 구멍 mummy 미라 dig up 캐내다 next to 바로 옆에

97

	동사원형	과거형	과거분사형
win	**win** 이기다	**won** 이겼다	**won** 이긴

동사원형 She wants to ______________ the gold medal.
그녀는 금메달을 따기를 원한다.

과거형 We ______________ the game 3-1. 우리는 경기에서 3대1로 이겼다.

과거분사형 They had ______________ a great victory. 그들은 큰 승리를 거두었다.

98

	동사원형	과거형	과거분사형
meet	**meet** 만나다	**met** 만났다	**met** 만났던

동사원형 Nice to ______________ you. 만나서 반가워.

과거형 The president ______________ the foreign press.
대통령은 외국인 기자단과 회견했다.

과거분사형 The player has ______________ his match. 그 선수는 적수를 만났다.

99

	동사원형	과거형	과거분사형
feed	**feed** 먹이다	**fed** 먹였다	**fed** 먹인

동사원형 Did you ______________ the bird?
네가 새에게 모이를 줬어?

과거형 Lisa ______________ her milk. 리사는 그녀에게 우유를 먹였다.

과거분사형 Have you ______________ the cat? 고양이 밥 줬어?

참고어휘 victory 승리 foreign 외국의 press 신문, 언론 match 맞수, 적수

- PRACTICE -

A. 빈칸을 채워 표를 완성하세요.

	동사	뜻 (~하다)	동사원형	과거형	과거분사형
1	become				
2	come				
3	run				
4	hang				
5	dig				
6	sit				
7	win				
8	meet				
9	feed				

B. 아래 상자에서 빈칸에 알맞은 동사를 찾아 써 보세요.

1. I ______________ to see you. 난 널 보러 왔어.
2. She has ______________ a rising star. 그녀는 떠오르는 스타가 되었다.
3. He ______________ a lamp from the ceiling. 그는 천장에 램프를 매달았다.
4. She ______________ to the finish line. 그녀는 결승선까지 달렸다.

hung ran came become

5. We ______________ at the table. 우리는 식탁에 앉았다.
6. The mummy was ______________ up in 1875. 그 미라는 1875년에 발굴되었다.
7. Nice to ______________ you. 만나서 반가워.
8. Lisa ______________ her milk. 리사는 그녀에게 우유를 먹였다.
9. They had ______________ a great victory. 그들은 큰 승리를 거두었다.

won dug fed sat meet

동사원형	과거형	과거분사형

100

lead	**lead** 이끌다	**led** 이끌었다	**led** 이끈, 이끌리는

동사원형　If you _____, we'll follow. 네가 앞장서면 우리가 따라갈게.

과거형　He _____ us to victory. 그는 우리를 승리로 이끌었다.

과거분사형　This project is _____ by Korea.
이 프로젝트는 한국에 의해 진행된다.

101

find	**find** 찾다	**found** 찾았다	**found** 찾은

동사원형　I can _____ the way. 길을 찾을 수 있어.

과거형　I _____ my old diary. 오래된 일기장을 찾았다.

과거분사형　Have you _____ anything interesting?
재미있는 것을 찾았니?

102

hold	**hold** 잡다, 개최하다	**held** 잡았다, 개최했다	**held** 잡힌, 개최된

동사원형　_____ tight! 단단히[꽉] 잡아!

과거형　We made a big circle and _____ hands.
우리는 큰 원을 만들고 손을 잡았다.

과거분사형　The exhibition is _____ twice a year.
그 전시회는 일 년에 두 번 개최된다.

참고어휘　project 프로젝트, 계획　　diary 일기, 수첩　　make a circle 원을 만들다　　exhibition 전시회

	동사원형	과거형	과거분사형
103 **lose**	**lose** 잃다, 지다	**lost** 잃었다, 졌다	**lost** 잃어버린

동사원형 Did you ____________ your key? 당신 열쇠 잃어버렸어요?

과거형 Many people ____________ their lives.
많은 사람들이 목숨을 잃었다.

과거분사형 I've ____________ my phone. 나는 전화기를 잃어버렸어.

	동사원형	과거형	과거분사형
104 **build**	**build** 짓다	**built** 지었다	**built** 지어진

동사원형 We're going to ____________ a tree house.
우리는 나무집을 지을 거야.

과거형 They ____________ the tower in only two years.
그들은 그 탑을 겨우 2년 만에 건축했다.

과거분사형 The house was ____________ in 1908. 그 집은 1908년에 지어졌다.

	동사원형	과거형	과거분사형
105 **send**	**send** 보내다	**sent** 보냈다	**sent** 보내진, 보낸

동사원형 Please ____________ an email to him. 그에게 메일을 보내 주세요.

과거형 Who ____________ the text message? 그 문자 메시지 누가 보냈어?

과거분사형 Who has ____________ you here? 누가 너를 여기에 보냈니?

참고어휘 tower 탑　text message 문자 메시지

	동사원형	과거형	과거분사형
106 **spend**	**spend** (돈·시간을) 쓰다	**spent** (돈·시간을) 썼다	**spent** (돈·시간을) 쓴

동사원형 Where did you __________ the vacation?
휴가는 어디에서 보냈어?

과거형 He __________ $100 on a new bike.
그는 새 자전거에 백 달러를 썼다.

과거분사형 I've __________ all my money already.
난 벌써 돈을 다 써 버렸어.

	동사원형	과거형	과거분사형
107 **have**	**have** 가지다, 먹다	**had** 가졌다, 먹었다	**had** 가진, 먹은

동사원형 What do you __________ in your bag?
네 가방 안에 뭘 가지고 있어?

과거형 We __________ enough money. 우리는 돈이 충분했다.

과거분사형 I have just __________ dinner. 나는 막 저녁을 먹었다.

	동사원형	과거형	과거분사형
108 **make**	**make** 만들다	**made** 만들었다	**made** 만든, 만들어진

동사원형 I will __________ you some sandwiches. 샌드위치 만들어 줄게.

과거형 Who __________ the cake? 누가 그 케이크를 만들었어?

과거분사형 Have you ever __________ a snowman before?
전에 눈사람을 만들어 본 적 있어?

참고어휘 vacation 휴가 already 이미, 벌써 enough 충분한 sandwich 샌드위치

- PRACTICE -

A. 빈칸을 채워 표를 완성하세요.

	동사	뜻 (~하다)	동사원형	과거형	과거분사형
❶	lead				
❷	find				
❸	hold				
❹	lose				
❺	build				
❻	send				
❼	spend				
❽	have				
❾	make				

B. 아래 상자에서 빈칸에 알맞은 동사를 찾아 써 보세요.

❶ Have you ______ anything interesting? 재미있는 것을 찾았니?

❷ The exhibition is ______ twice a year. 그 전시회는 일 년에 두 번 개최된다.

❸ If you ______, we'll follow. 네가 앞장서면 우리가 따라갈게.

❹ I've ______ my phone. 나는 전화기를 잃어버렸어.

lost lead held found

❺ Where did you ______ the vacation? 휴가는 어디에서 보냈어?

❻ The house was ______ in 1908. 그 집은 1908년에 지어졌다.

❼ I have just ______ dinner. 나는 막 저녁을 먹었다.

❽ Have you ever ______ a snowman before? 전에 눈사람을 만들어 본 적 있어?

❾ Who ______ the text message? 그 문자 메시지 누가 보냈어?

made had spend sent built

Review Test
Day 10~12

A. 우리말 의미에 맞는 문장에 V 표시를 하세요.

❶ 그녀는 그 새를 날려 보냈다.

☐ ⓐ She let the bird fly away.
☐ ⓑ She lets the bird fly away.

❷ 이 책 읽어본 적이 있어?

☐ ⓐ Do you read this book?
☐ ⓑ Have you read this book?

❸ 난 자유롭게 달리고 싶다.

☐ ⓐ I want to run freely.
☐ ⓑ I ran freely.

❹ 우리는 경기에서 3대1로 이겼다.

☐ ⓐ We win the game 3-1.
☐ ⓑ We won the game 3-1.

❺ 재미있는 것을 찾았니?

☐ ⓐ Do you find anything interesting?
☐ ⓑ Have you found anything interesting?

❻ 휴가는 어디에서 보냈어?

☐ ⓐ Where do you spend the vacation?
☐ ⓑ Where did you spend the vacation?

B. 빈칸에 들어갈 알맞은 동사 형태를 쓰고, 퍼즐을 완성하세요.

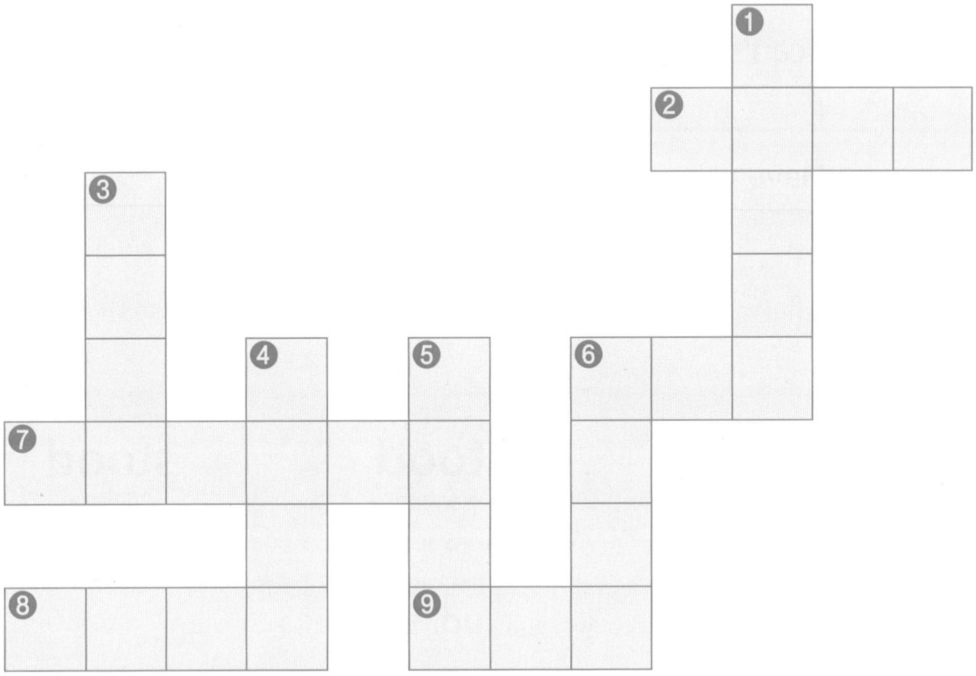

ACROSS →

동사원형 – 과거형 – 과거분사형

❷ ________ – hurt – hurt

❻ ________ – hit – hit

❼ become – ________ – become

❽ make – made – ________

❾ dig – ________ – dug

DOWN ↓

동사원형 – 과거형 – 과거분사형

❶ build – ________ – built

❸ ________ – lost – lost

❹ ________ – had – had

❺ ________ – sent – sent

❻ hang – hung – ________

동사원형	과거형	과거분사형
109			

hear	**hear** 듣다	**heard** 들었다	**heard** 들은, 들린

동사원형 I can't _____ you. 잘 안 들려.

과거형 I _____ a loud noise. 시끄러운 소음을 들었다.

과거분사형 Have you _____ the news? 그 소식을 들었어?

110

stand	**stand** 일어서다	**stood** 일어섰다	**stood** 일어선

동사원형 Please _____ up. 일어서 주세요.

과거형 They _____ up and started clapping.
그들은 일어나 박수를 치기 시작했다.

과거분사형 They have _____ up against bullying in schools.
그들은 학교 내 약자 괴롭힘에 맞서 대항했다[일어났다].

111

understand	**understand** 이해하다	**understood** 이해했다	**understood** 이해된

동사원형 I don't _____ this one. 이건 이해가 안 돼요.

과거형 She _____ what I said. 그녀는 내가 한 말을 이해했다.

과거분사형 He can make himself _____ in English.
그는 영어로 의사소통이 가능하다.

참고어휘 **loud** (소리가) 큰, 시끄러운 **noise** 소음 **clapping** 박수치기 **against** ~에 맞서, 반대하여 **bullying** 약자를 괴롭히기

112	동사원형	과거형	과거분사형
sell	**sell** 팔다	**sold** 팔았다	**sold** 팔린

동사원형 They ____________ fruit-flavored ice cream.
그들은 과일 맛 아이스크림을 판다.

과거형 He ____________ eight bikes in 20 minutes!
그는 20분 만에 자전거 여덟 대를 팔았다!

과거분사형 Bananas are ____________ by weight. 바나나는 무게 단위로 팔린다.

113	동사원형	과거형	과거분사형
tell	**tell** 말하다, 이야기하다	**told** 말했다, 이야기했다	**told** 말한, 들린

동사원형 Don't ____________ a lie. 거짓말하지 마.

과거형 He ____________ me about his trip.
그는 내게 그의 여행에 관해 말해줬다.

과거분사형 She had ____________ us the story.
그녀는 우리에게 그 이야기를 해줬다.

114	동사원형	과거형	과거분사형
feel	**feel** 느끼다	**felt** 느꼈다	**felt** 느낀

동사원형 I ____________ strong. 난 힘이 나[강한 느낌이 들어].

과거형 I ____________ sorry for him. 그가 가엾게 느껴졌다.

과거분사형 Have you ever ____________ lonely? 외롭다고 느껴본 적이 있어?

참고어휘 fruit-flavored 과일 맛이 나는 weight 무게 lonely 외로운, 쓸쓸한

동사원형	과거형	과거분사형

115

leave

leave 떠나다	**left** 떠났다	**left** 떠난, 남은

동사원형　Will you ＿＿＿＿＿＿ today? 오늘 출발할 거야?

과거형　The bus ＿＿＿＿＿＿ for Seoul. 그 버스는 서울로 떠났다.

과거분사형　She has ＿＿＿＿＿＿ for the States. 그녀는 미국으로 가 버렸다.

keep에는 '지키다, 유지하다, 가지고 있다'라는 뜻도 있어요.

116

keep

keep ~을 계속하다	**kept** ~을 계속했다	**kept** ~을 계속한

동사원형　＿＿＿＿＿＿ talking. 계속 말해 봐.

과거형　It ＿＿＿＿＿＿ snowing. 눈이 계속 왔다.

과거분사형　Sorry to have ＿＿＿＿＿＿ you waiting.
계속 기다리게 해서 미안해.

117

sleep

sleep 자다	**slept** 잤다	**slept** 잠을 잔

동사원형　Did you ＿＿＿＿＿＿ well? 잘 잤니?

과거형　I ＿＿＿＿＿＿ tight last night. 나는 어젯밤에 푹 잤다.

과거분사형　The baby has never ＿＿＿＿＿＿ through the night.
그 아기는 밤새 계속 자본 적이 없다.

참고어휘　the States 미국　wait 기다리다　sleep tight 잘 자다　through ~의 처음부터 끝까지

- PRACTICE -

A. 빈칸을 채워 표를 완성하세요.

	동사	뜻 (~하다)	동사원형	과거형	과거분사형
❶	hear				
❷	stand				
❸	understand				
❹	sell				
❺	tell				
❻	feel				
❼	leave				
❽	keep				
❾	sleep				

B. 아래 상자에서 빈칸에 알맞은 동사를 찾아 써 보세요.

❶ Bananas are ____________ by weight. 바나나는 무게 단위로 팔린다.

❷ She ____________ what I said. 그녀는 내가 한 말을 이해했다.

❸ They ____________ up and started clapping. 그들은 일어나 박수를 치기 시작했다.

❹ Have you ____________ the news? 그 소식을 들었어?

understood sold heard stood

❺ I ____________ strong. 난 힘이 나[강한 느낌이 들어].

❻ The baby has never ____________ through the night. 그 아기는 밤새 계속 자본 적이 없다.

❼ The bus ____________ for Seoul. 그 버스는 서울로 떠났다.

❽ Sorry to have ____________ you waiting. 계속 기다리게 해서 미안해.

❾ He ____________ me about his trip. 그는 내게 그의 여행에 관해 말해줬다.

told kept slept left feel

동사원형	과거형	과거분사형

118

lay	**lay** 놓다, 낳다	**laid** 놓았다, 낳았다	**laid** 놓인

동사원형 All birds _____ eggs. 모든 새들은 알을 낳는다.

과거형 He _____ the pencil on the table.
그는 탁자 위에 연필을 놓았다.

과거분사형 His coffin was _____ there. 그의 관은 거기 놓여 있었다.

119

pay	**pay** 지불하다	**paid** 지불했다	**paid** 지불된

동사원형 I'll _____ for the ice cream. 아이스크림은 내가 살게.

과거형 We _____ $30 for each ticket.
우리는 티켓당 30달러씩 지불했다.

과거분사형 The cash will be _____ on delivery.
배달 시 현금이 지급될 것입니다.

120

say	**say** 말하다	**said** 말했다	**said** 말한

NO.

동사원형 _____ it again. 다시 말해 봐.

과거형 She _____ no. 그녀는 아니라고 말했다.

과거분사형 Birds hear what is _____ by day.
낮말은 새가 듣는다. (속담)

참고어휘 coffin 관 ticket 표 cash 현금, 자금 delivery 배달

	동사원형	과거형	과거분사형
121 **buy**	**buy** 사다	**bought** 샀다	**bought** 산

동사원형 I will ____________ some clothes. 난 옷을 좀 살 거야.

과거형 I ____________ a new bike. 나는 새 자전거를 샀다.

과거분사형 Tickets can be ____________ online.
티켓은 온라인에서 구매할 수 있다.

122 **bring**	**bring** 가져오다, 데려오다	**brought** 가져왔다, 데려왔다	**brought** 가져온, 데려온

동사원형 You can ____________ your friends. 네 친구들을 데려와도 돼.

과거형 He ____________ us good news. 그는 우리에게 좋은 소식을 전했다.

과거분사형 The prisoner was ____________ back. 그 죄수는 다시 끌려왔다.

123 **catch**	**catch** 잡다	**caught** 잡았다	**caught** 잡은, 잡힌

동사원형 How many fish did you ____________? 물고기 몇 마리 잡았어?

과거형 Liz ____________ his arm. 리즈는 그의 팔을 붙잡았다.

과거분사형 The murderer was finally ____________.
그 살인자는 마침내 잡혔다.

참고어휘 clothes 옷 prisoner 죄수 murderer 살인자 finally 마침내

동사원형	과거형	과거분사형

124

fight	**fight** 싸우다	**fought** 싸웠다	**fought** 싸운

동사원형 Let's _____ against the coronavirus!
코로나 바이러스와 싸우자!

과거형 I _____ with my brother. 난 동생과 싸웠다.

과거분사형 Have you ever _____ with your friends?
네 친구들과 싸운 적 있어?

125

teach	**teach** 가르치다	**taught** 가르쳤다	**taught** 가르친, 배운

동사원형 Please _____ me how to swim.
수영하는 법을 가르쳐 주세요.

과거형 She _____ me how to read.
그녀는 내게 읽는 법을 가르쳐 줬다.

과거분사형 He was _____ to think for himself.
그는 혼자서 생각하는 것을 배웠다.

126

think	**think** 생각하다	**thought** 생각했다	**thought** 생각한

동사원형 I _____, therefore I am. 나는 생각한다, 그러므로 존재한다.

과거형 I _____ about this a lot. 이것에 관해 많이 생각했다.

과거분사형 It was once _____ the sun went around the earth. 한때는 태양이 지구 주위를 돈다고 여겨졌다.

참고어휘 for oneself 스스로 therefore 그러므로 once (과거) 언젠가, 한때, 한 번

- PRACTICE -

A. 빈칸을 채워 표를 완성하세요.

	동사	뜻 (~하다)	동사원형	과거형	과거분사형
❶	lay				
❷	pay				
❸	say				
❹	buy				
❺	bring				
❻	catch				
❼	fight				
❽	teach				
❾	think				

B. 아래 상자에서 빈칸에 알맞은 동사를 찾아 써 보세요.

❶ We ______________ $30 for each ticket. 우리는 티켓당 30달러씩 지불했다.

❷ He ______________ the pencil on the table. 그는 탁자 위에 연필을 놓았다.

❸ Tickets can be ______________ online. 티켓은 온라인에서 구매할 수 있다.

❹ Birds hear what is ______________ by day. 낮말은 새가 듣는다.

paid said laid bought

❺ I ______________ about this a lot. 이것에 관해 많이 생각했다.

❻ I ______________ with my brother. 난 동생과 싸웠다.

❼ Liz ______________ his arm. 리즈는 그의 팔을 붙잡았다.

❽ He ______________ us good news. 그는 우리에게 좋은 소식을 전했다.

❾ Please ______________ me how to swim. 수영하는 법을 가르쳐 주세요.

teach caught thought fought brought

15.mp3

	동사원형	과거형	과거분사형
127 **begin**	**begin** 시작하다	**began** 시작했다	**begun** 시작된

동사원형 The movie will ________ at 5. 그 영화는 5시에 시작할 거야.

과거형 The meeting ________ at noon. 그 모임은 정오에 시작했다.

과거분사형 The party has just ________. 파티가 막 시작됐어요.

	동사원형	과거형	과거분사형
128 **drink**	**drink** 마시다	**drank** 마셨다	**drunk** 취한

동사원형 I ________ lots of water. 저는 물을 많이 마셔요.

과거형 She ________ green tea. 그녀는 녹차를 마셨다.

과거분사형 He has never ________ or smoked in his life. 그는 생전 술과 담배를 하지 않았다.

ring은 명사로 쓰이면 '반지, 고리'예요.

	동사원형	과거형	과거분사형
129 **ring**	**ring** 울리다	**rang** 울렸다	**rung** 울린

동사원형 Did you hear the phone ________? 전화벨 울리는 소리 들었어?

과거형 The church bells ________. 교회 종이 울렸다.

과거분사형 He has ________ the alarm bell. 그는 비상벨을 울렸다.

참고어휘 noon 정오 alarm bell 비상벨

	동사원형	과거형	과거분사형
130 **sing**	**sing** 노래하다	**sang** 노래했다	**sung** 노래한

동사원형 Let's ______________ together. 함께 노래합시다.

과거형 We all ______________ the birthday song.
우리 모두 생일 축하 노래를 불렀다.

과거분사형 She has ______________ the title role in operas.
그녀는 오페라에서 주인공 역을 맡아 노래했다.

131 **sink**	**sink** 가라앉다	**sank** 가라앉았다	**sunk** 가라앉은

동사원형 We watched the bottle ______________.
우리는 그 병이 가라앉는 것을 지켜봤다.

과거형 The truck's wheels ______________ into the mud.
트럭 바퀴가 진창 속으로 빠졌다.

과거분사형 The boat has ______________ to the bottom of the river.
보트가 강 밑바닥으로 가라앉았다.

132 **swim**	**swim** 수영하다	**swam** 수영했다	**swum** 수영한

동사원형 I like to ______________ in the lake. 나는 호수에서 수영하는 것을 좋아해.

과거형 She ______________ to the shore. 그녀는 해변까지 헤엄을 쳐 갔다.

과거분사형 He has ______________ for several years. 그는 몇 년간 수영을 했다.

참고어휘 title role 주인공 역 bottle 병 wheel 바퀴 mud 진흙, 진창

	동사원형	과거형	과거분사형
133 **be**	**be** 있다, ~이다	**was/were** 있었다, ~이었다	**been** ~인, ~한 적 있는

동사원형 ______________ quiet, please. 조용히 해 주세요.

과거형 When ______________ you born? 언제 태어났니[생년월일이 언제니]?

과거분사형 I have ______________ to Jeju. 나는 제주에 가본 적이 있다.

	동사원형	과거형	과거분사형
134 **do**	**do** 하다	**did** 했다	**done** 다 끝난, 다 된

동사원형 You can ______________ it. 넌 할 수 있어.

과거형 He ______________ well at school. 그는 학교에서 공부를 잘 했다.

과거분사형 I have already ______________ my homework.
나는 벌써 숙제를 끝냈다.

	동사원형	과거형	과거분사형
135 **go**	**go** 가다	**went** 갔다	**gone** 가 버린, 끝난

동사원형 I have to ______________ now. 난 지금 가봐야 해.

과거형 I ______________ skiing last winter. 난 지난 겨울에 스키 타러 갔어.

과거분사형 She's ______________ to lunch. 그녀는 점심을 먹으러 갔어.

참고어휘 Jeju 제주도 skiing 스키 타기

- PRACTICE -

A. 빈칸을 채워 표를 완성하세요.

	동사	뜻 (~하다)	동사원형	과거형	과거분사형
❶	begin				
❷	drink				
❸	ring				
❹	sing				
❺	sink				
❻	swim				
❼	be				
❽	do				
❾	go				

B. 아래 상자에서 빈칸에 알맞은 동사를 찾아 써 보세요.

❶ The party has just ____________. 파티가 막 시작됐어요.

❷ We all ____________ the birthday song. 우리 모두 생일 축하 노래를 불렀다.

❸ He has ____________ the alarm bell. 그는 비상벨을 울렸다.

❹ She ____________ green tea. 그녀는 녹차를 마셨다.

rung begun sang drank

❺ We watched the bottle ____________. 우리는 그 병이 가라앉는 것을 지켜봤다.

❻ I ____________ skiing last winter. 난 지난 겨울에 스키 타러 갔어.

❼ He ____________ well at school. 그는 학교에서 공부를 잘 했다.

❽ She ____________ to the shore. 그녀는 해변까지 헤엄을 쳐 갔다.

❾ When ____________ you born? 언제 태어났니[생년월일이 언제니]?

did were went sink swam

Review Test Day 13~15

A. 우리말 의미에 맞는 문장에 V 표시를 하세요.

❶ 그 소식을 들었어?

- ☐ ⓐ Do you hear the news?
- ☐ ⓑ Have you heard the news?

❷ 모든 새들은 알을 낳는다.

- ☐ ⓐ All birds lay eggs.
- ☐ ⓑ All birds laid eggs.

❸ 그는 내게 그의 여행에 관해 말해줬다.

- ☐ ⓐ He will tell me about his trip.
- ☐ ⓑ He told me about his trip.

❹ 저는 물을 많이 마셔요.

- ☐ ⓐ I drink lots of water.
- ☐ ⓑ I drank lots of water.

❺ 이것에 관해 많이 생각했다.

- ☐ ⓐ I thought about this a lot.
- ☐ ⓑ I think about this a lot.

❻ 난 옷을 좀 살 거야.

- ☐ ⓐ I bought some clothes.
- ☐ ⓑ I will buy some clothes.

B. 빈칸에 들어갈 알맞은 동사 형태를 쓰고, 퍼즐을 완성하세요.

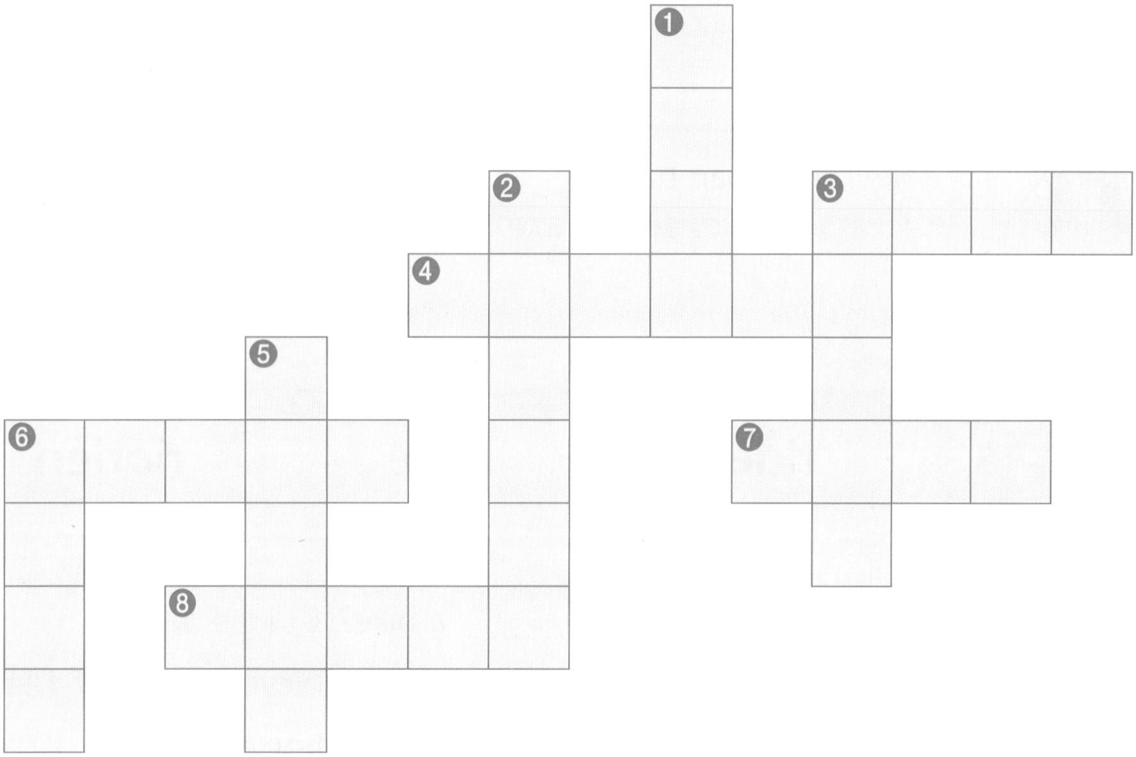

ACROSS →

동사원형 – 과거형 – 과거분사형

3 say – ________ – said

4 catch – caught – ________

6 ________ – slept – slept

7 sell – ________ – sold

8 ________ – fought – fought

DOWN ↓

동사원형 – 과거형 – 과거분사형

1 ring – ________ – rung

2 teach – ________ – taught

3 stand – ________ – stood

5 ________ – began – begun

6 swim – swam – ________

동사원형	과거형	과거분사형

136

drive	**drive** 운전하다	**drove** 운전했다	**driven** 운전한, ~ 주도의

동사원형 Don't _____ fast. 과속하지 마.

과거형 She _____ me home. 그녀가 나를 집까지 태워줬어.

과거분사형 The man has _____ a truck for 10 years.

그 남자는 10년 동안 트럭을 몰았다.

137

ride	**ride** 타다	**rode** 탔다	**ridden** 탄

동사원형 Can you _____ a bike? 자전거 탈 줄 알아?

과거형 He _____ to work on a bicycle. 그는 자전거로 출근했다.

과거분사형 She had never _____ a horse before.

그녀는 전에 말을 타본 적이 한 번도 없었다.

138

rise	**rise** 오르다, (해·달이) 뜨다	**rose** 올랐다, (해·달이) 떴다	**risen** 오른, 일어난

동사원형 When does the sun _____? 해가 몇 시에 떠?

과거형 Smoke _____ from the fire. 화재에서 연기가 올라왔다.

과거분사형 The cost of living has _____ sharply.

생활비가 급격히 올랐다.

참고어휘 cost 비용 sharply 급격히

	동사원형	과거형	과거분사형
139 **write**	**write** 쓰다	**wrote** 썼다	**written** (글로) 쓰여진

동사원형 __________ your name on the paper. 종이에 네 이름을 써.

과거형 She __________ her ideas in a notebook.
그녀는 공책에 생각을 적었다.

과거분사형 The note is __________ in Spanish.
그 메모는 스페인어로 쓰여 있다.

140 **give**	**give** 주다	**gave** 줬다	**given** 받은, 정해진

동사원형 __________ me time. 내게 시간을 줘.

과거형 She __________ it back to me. 그녀는 내게 그것을 돌려주었다.

과거분사형 We were __________ a warm welcome.
우리는 따뜻한 환영을 받았다.

141 **bite**	**bite** 물다	**bit** 물었다	**bitten** 물린

동사원형 Does your dog __________? 네 개는 물어?

과거형 A mosquito __________ me. 나 모기에 물렸어요.

과거분사형 I was __________ by a dog once. 나는 개에게 한 번 물렸었다.

참고어휘 Spanish 스페인어 welcome 환영 mosquito 모기

동사원형	과거형	과거분사형

142

hide	**hide** 숨기다, 숨다	**hid** 숨겼다, 숨었다	**hidden** 숨겨진, 숨은

동사원형 Where did you _____? 너 어디에 숨었어?

과거형 I _____ my brother's birthday present.
나는 동생 생일 선물을 숨겼다.

과거분사형 What treasures are _____ in the sand?
모래 안에 어떤 보물이 숨겨져 있지?

143

fall	**fall** 떨어지다, 넘어지다	**fell** 떨어졌다, 넘어졌다	**fallen** 떨어진, 쓰러진

동사원형 Why do leaves _____ in autumn?
가을에는 왜 나뭇잎이 떨어지지?

과거형 The old tree _____ during the storm.
폭풍에 고목이 쓰러졌다.

과거분사형 The boy has _____ from his horse.
그 소년은 말에서 떨어졌다.

144

eat	**eat** 먹다	**ate** 먹었다	**eaten** 먹은, 먹힌

동사원형 I _____ like a horse. 난 대식가야[말처럼 먹어].

과거형 We _____ lunch together. 우리는 점심을 같이 먹었다.

과거분사형 I haven't _____ since breakfast.
나는 아침 식사 이후로 아무것도 안 먹었다.

 참고어휘 treasure 보물, 대단히 귀중한 것　　autumn 가을(=fall)

- PRACTICE -

A. 빈칸을 채워 표를 완성하세요.

	동사	뜻 (~하다)	동사원형	과거형	과거분사형
❶	drive				
❷	ride				
❸	rise				
❹	write				
❺	give				
❻	bite				
❼	hide				
❽	fall				
❾	eat				

B. 아래 상자에서 빈칸에 알맞은 동사를 찾아 써 보세요.

❶ Smoke ________ from the fire. 화재에서 연기가 올라왔다.

❷ He ________ to work on a bicycle. 그는 자전거로 출근했다.

❸ She ________ me home. 그녀가 나를 집까지 태워줬어.

❹ The note is ________ in Spanish. 그 메모는 스페인어로 쓰여 있다.

written rose rode drove

❺ The old tree ________ during the storm. 폭풍에 고목이 쓰러졌다.

❻ We were ________ a warm welcome. 우리는 따뜻한 환영을 받았다.

❼ A mosquito ________ me. 나 모기에 물렸어요.

❽ I haven't ________ since breakfast. 나는 아침 식사 이후로 아무것도 안 먹었다.

❾ What treasures are ________ in the sand? 모래 안에 어떤 보물이 숨겨져 있지?

hidden bit eaten fell given

동사원형	과거형	과거분사형
145 **steal**	**steal** 훔치다	**stole** 훔쳤다	**stolen** 훔친, 도난당한

동사원형　He didn't ＿＿＿＿＿＿ the money. 그는 그 돈을 훔치지 않았다.

과거형　Somebody ＿＿＿＿＿＿ my bag. 누가 내 가방을 훔쳐 갔어.

과거분사형　My purse was ＿＿＿＿＿＿. 내 지갑을 도둑 맞았어.

bear는 명사로 쓰이면 '곰'이에요.

'참다'일 때의 과거분사는 borne,
'낳다'일 때의 과거분사는 born이에요.

146 **bear**	**bear** 참다, (아이를) 낳다	**bore** 참았다, (아이를) 낳았다	**borne/born** 참은, 타고난

동사원형　He couldn't ＿＿＿＿＿＿ the pain. 그는 고통을 참을 수가 없었다.

과거형　She ＿＿＿＿＿＿ a son. 그녀는 아들을 낳았다.

과거분사형　I was ＿＿＿＿＿＿ in May. 나는 5월에 태어났다.

tear는 명사로는 '눈물'이고, 동사일 때와 발음이 달라요.

147 **tear**	**tear** 찢다	**tore** 찢었다	**torn** 찢어진, 찢은

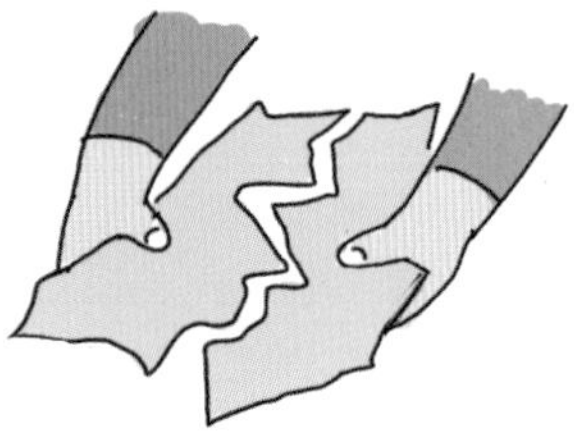

동사원형　＿＿＿＿＿＿ here to open. 여기를 찢어서 열어 봐.

과거형　He ＿＿＿＿＿＿ the paper in two.
그는 종이를 두 조각으로 찢어 버렸다.

과거분사형　Someone has ＿＿＿＿＿＿ a page out of this book.
누군가 이 책 한 장을 찢었다.

참고어휘　purse 지갑　pain 고통

동사원형	과거형	과거분사형

148

wear	**wear** 입고[신고/쓰고] 있다	**wore** 입고[신고/쓰고] 있었다	**worn** 해진, 입은[신은/쓴]

동사원형 I need to _____ glasses. 난 안경을 써야 해.

과거형 I _____ new shoes today. 오늘 새 신발을 신었다.

과거분사형 You should have _____ your seat belt.

당신은 안전 벨트를 착용했어야 했어요.

take에는 '가지고 가다, 데리고 가다, 잡다'라는 뜻도 있어요.

149

take	**take** 타다	**took** 탔다	**taken** 탄

동사원형 Where can we _____ a bus? 우리 버스는 어디서 타지?

과거형 We _____ a taxi. 우리는 택시를 탔다.

과거분사형 You should have _____ the train.

너는 그 기차를 탔어야 했어.

150

wake	**wake** 깨다, 깨우다	**woke** 깼다, 깨웠다	**woken** 깨어난

동사원형 Shhh! Don't _____ the baby. 쉿! 아기를 깨우지 마.

과거형 I _____ at dawn. 나는 새벽에 잠을 깼다.

과거분사형 She has just _____ from a deep sleep.

그녀는 막 깊은 잠에서 깨어났다.

참고어휘 glasses 안경 seat belt 안전 벨트 dawn 새벽

동사원형	과거형	과거분사형

151

shake	**shake** 흔들다, 악수하다	**shook** 흔들었다, 악수했다	**shaken** 흔들린, 놀란

동사원형 Let's _____ and be friends again. 악수하고 화해하자.

과거형 The earthquake _____ our house.
지진으로 우리집이 흔들렸다.

과거분사형 The news has _____ her faith.
그 소식으로 그녀의 믿음이 흔들렸다.

152

둘 다 사용할 수 있어요.

get	**get** 받다, 얻다	**got** 받았다, 얻었다	**gotten[got]** 받은, 얻은

동사원형 What did you _____ for your birthday?
생일 때 뭘 받았어?

과거형 I _____ an email this morning.
오늘 아침에 이메일 한 통을 받았어.

과거분사형 She has just _____[got] a new job.
그녀는 막 새 직장을 구했다.

153

forget	**forget** 잊어버리다	**forgot** 잊어버렸다	**forgotten** 잊혀진, 잊어버린

동사원형 Did you _____ your password? 비밀번호를 잊어버렸어?

과거형 I almost _____. 하마터면 잊어버릴 뻔했네.

과거분사형 Ted has _____ an appointment. 테드는 약속을 까먹었다.

참고어휘 earthquake 지진　 faith 믿음　 job 직업, 직장　 password 비밀번호　 appointment (주로 의사의 진료를 받기 위한) 약속

- PRACTICE -

A. 빈칸을 채워 표를 완성하세요.

	동사	뜻 (~하다)	동사원형	과거형	과거분사형
1	steal				
2	bear				
3	tear				
4	wear				
5	take				
6	wake				
7	shake				
8	get				
9	forget				

B. 아래 상자에서 빈칸에 알맞은 동사를 찾아 써 보세요.

1. I ________ new shoes today. 오늘 새 신발을 신었다.
2. I was ________ in May. 나는 5월에 태어났다.
3. My purse was ________. 내 지갑을 도둑 맞았어.
4. Someone has ________ a page out of this book. 누군가 이 책 한 장을 찢었다.

torn born wore stolen

5. Where can we ________ a bus? 우리 버스는 어디서 타지?
6. I almost ________. 하마터면 잊어버릴 뻔했네.
7. I ________ an email this morning. 오늘 아침에 이메일 한 통을 받았어.
8. She has just ________ from a deep sleep. 그녀는 막 깊은 잠에서 깨어났다.
9. The news has ________ her faith. 그 소식으로 그녀의 믿음이 흔들렸다.

take got forgot shaken woken

18.mp3

	동사원형	과거형	과거분사형
154 **break**	**break** 깨다, 고장 나다	**broke** 깨졌다, 고장 났다	**broken** 깨진, 고장 난

동사원형 When did you ______________ the vase? 언제 꽃병을 깼어?

과거형 She fell and ______________ her arm. 그녀는 넘어져서 팔이 부러졌다.

과거분사형 My computer has ______________. 내 컴퓨터는 고장 났어.

	동사원형	과거형	과거분사형
155 **speak**	**speak** 말하다	**spoke** 말했다	**spoken** 말해 본

동사원형 Please ______________ up! I can't hear you.
더 크게 말해줘! 안 들려.

과거형 They both ______________ together. 그들은 둘 다 동시에 말했다.

과거분사형 She has ______________ well of you. 그녀가 너에 관해 좋게 말했어.

	동사원형	과거형	과거분사형
156 **choose**	**choose** 고르다	**chose** 골랐다	**chosen** 선택된

동사원형 ______________ your favorite color. 좋아하는 색을 골라 봐.

과거형 I ______________ my words with care. 나는 조심해서 말을 골라 썼다.

과거분사형 She was ______________ as leader. 그녀는 대표로 선출되었다.

참고어휘 both 둘 다 favorite 좋아하는 care 조심, 주의 leader 대표, 지도자

	동사원형	과거형	과거분사형
157 **fly**	**fly** 날다, 비행하다	**flew** 날았다, 비행했다	**flown** 비행한

동사원형 They will ____________ to New York next week.
그들은 다음 주에 뉴욕으로 비행할 것이다.

과거형 A bird ____________ in through the window.
새 한 마리가 창문을 통해 날아 들어왔다.

과거분사형 Time has ____________ fast. 시간이 빨리 흘렀다.

see에는 '알다, 만나다'의 뜻도 있어요.

	동사원형	과거형	과거분사형
158 **see**	**see** 보다	**saw** 봤다	**seen** 보이는, 본 적 있는

동사원형 I can ____________ clearly now. 이제 분명하게 볼 수 있다.

과거형 I ____________ him yesterday. 나는 어제 그를 봤다.

과거분사형 Have you ever ____________ this movie? 이 영화 본 적 있어?

	동사원형	과거형	과거분사형
159 **draw**	**draw** 그리다	**drew** 그렸다	**drawn** 그려진

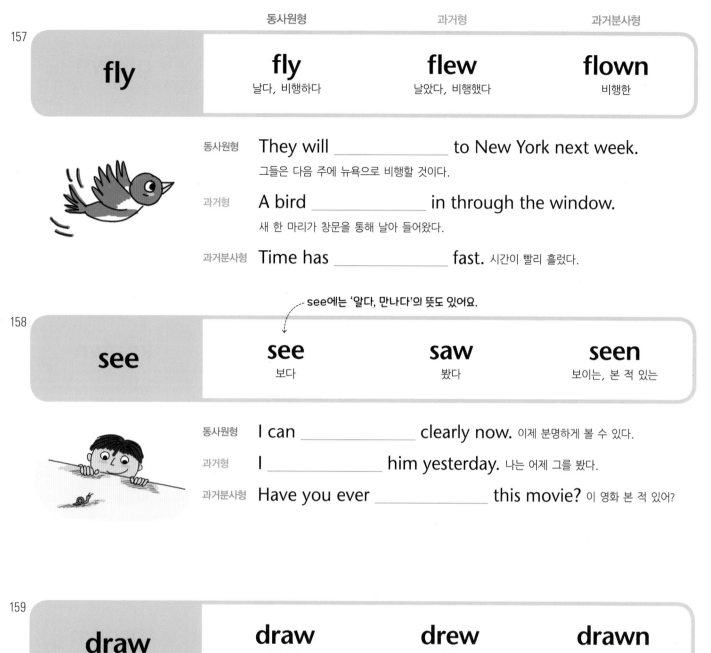

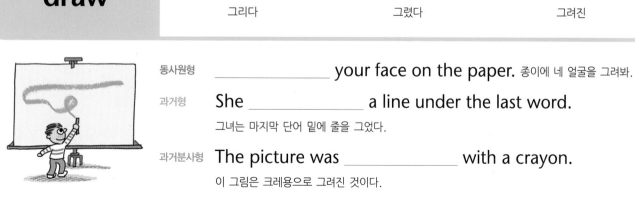

동사원형 ____________ your face on the paper. 종이에 네 얼굴을 그려봐.

과거형 She ____________ a line under the last word.
그녀는 마지막 단어 밑에 줄을 그었다.

과거분사형 The picture was ____________ with a crayon.
이 그림은 크레용으로 그려진 것이다.

참고어휘 through ~을 통해　clearly 선명하게　line 선　crayon 크레용

grow에는 '커지다, 재배하다, ~해지다'의 뜻도 있어요.

160

grow	동사원형	과거형	과거분사형
	grow 자라다	**grew** 자랐다	**grown** 자란

동사원형 This plant doesn't ______________ in the shade.
이 식물은 그늘에서는 안 자란다.

과거형 I ______________ up in Busan. 난 부산에서 자랐다.

과거분사형 The business has ______________ by 40 percent.
그 사업은 40% 성장했다.

161

know	동사원형	과거형	과거분사형
	know 알다	**knew** 알았다	**known** 알려진

동사원형 I ______________ the answer. 나는 정답을 알아.

과거형 I ______________ him by name. 나는 그의 이름만 알았다.

과거분사형 He has ______________ her for five years.
그는 그녀를 5년간 알고 지냈다.

162

throw	동사원형	과거형	과거분사형
	throw 던지다, 버리다	**threw** 던졌다, 버렸다	**thrown** 던진, 버려진

동사원형 Don't ______________ your trash here. 여기에 네 쓰레기 버리지 마.

과거형 Who ______________ the ball? 누가 공을 던졌어?

과거분사형 These plastic bottles are ______________ away every day.
이 플라스틱 병들은 매일 버려진다.

참고어휘 shade 그늘 by name 이름으로만 for ~동안 trash 쓰레기 plastic 플라스틱으로 된; 플라스틱

- PRACTICE -

A. 빈칸을 채워 표를 완성하세요.

	동사	뜻 (~하다)	동사원형	과거형	과거분사형
❶	break				
❷	speak				
❸	choose				
❹	fly				
❺	see				
❻	draw				
❼	grow				
❽	know				
❾	throw				

B. 아래 상자에서 빈칸에 알맞은 동사를 찾아 써 보세요.

❶ They both ____________ together. 그들은 둘 다 동시에 말했다.

❷ My computer has ____________. 내 컴퓨터는 고장 났어.

❸ A bird ____________ in through the window. 새 한 마리가 창문을 통해 날아 들어왔다.

❹ She was ____________ as leader. 그녀는 대표로 선출되었다.

broken chosen spoke flew

❺ Who ____________ the ball? 누가 공을 던졌어?

❻ Have you ever ____________ this movie? 이 영화 본 적 있어?

❼ I ____________ him by name. 나는 그의 이름만 알았어.

❽ The picture was ____________ with a crayon. 이 그림은 크레용으로 그려진 것이다.

❾ The business has ____________ by 40 percent. 그 사업은 40% 성장했다.

knew grown threw drawn seen

Review Test Day 16~18

A. 우리말 의미에 맞는 문장에 V 표시를 하세요.

❶ 난 안경을 써야 해.

☐ ⓐ I need to wear glasses.
☐ ⓑ I wore glasses.

❷ 그녀가 나를 집까지 태워줬어.

☐ ⓐ She drove me home.
☐ ⓑ She drives me home.

❸ 나는 정답을 알아.

☐ ⓐ I know the answer.
☐ ⓑ I knew the answer.

❹ 그녀는 공책에 생각을 적었다.

☐ ⓐ She writes her ideas in a notebook.
☐ ⓑ She wrote her ideas in a notebook.

❺ 나는 새벽에 잠을 깼다.

☐ ⓐ I woke at dawn.
☐ ⓑ I wake at dawn.

❻ 새 한 마리가 창문을 통해 날아 들어왔다.

☐ ⓐ A bird flies in through the window.
☐ ⓑ A bird flew in through the window.

B. 빈칸에 들어갈 알맞은 동사 형태를 쓰고, 퍼즐을 완성하세요.

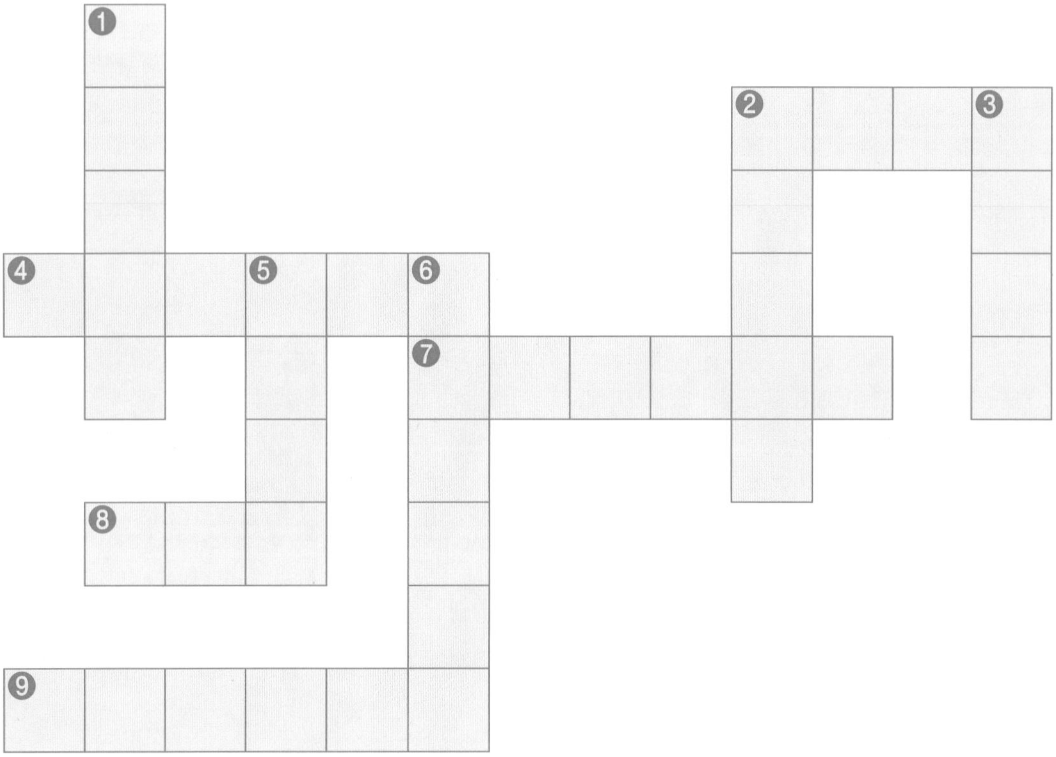

ACROSS →

동사원형 – 과거형 – 과거분사형

❷ ________ – tore – torn

❹ ________ – forgot – forgotten

❼ hide – hid – ________

❽ see – ________ – seen

❾ break – broke – ________

DOWN ↓

동사원형 – 과거형 – 과거분사형

❶ shake – ________ – shaken

❷ take – took – ________

❸ ________ – rode – ridden

❺ grow – ________ – grown

❻ throw – threw – ________

지금까지 익힌 동사의
변화형, 잊지 않았겠지?
4가지 테스트를 풀며
동사 변화형을 연습해 보자!
좋아!
자신 있어!
Go, go!

종합 테스트

테스트1

불규칙 변화 동사 81 과거형 쓰기

동사원형	과거형	과거분사형
1. 있다, ~이다 be		been
2. 참다, (아이를) 낳다 bear		borne/born
3. ~이 되다 become		become
4. 시작하다 begin		begun
5. 물다 bite		bitten
6. 깨다, 고장 나다 break		broken
7. 가져오다, 데려오다 bring		brought
8. 짓다 build		built
9. 사다 buy		bought
10. 잡다 catch		caught
11. 고르다 choose		chosen
12. 오다 come		come
13. (비용이) …들다 cost		cost
14. 베다, 자르다 cut		cut
15. (땅을) 파다 dig		dug
16. 하다 do		done
17. 그리다 draw		drawn
18. 마시다 drink		drunk
19. 운전하다 drive		driven

동사원형	과거형	과거분사형
20. 먹다 eat		eaten
21. 떨어지다, 넘어지다 fall		fallen
22. 먹이다 feed		fed
23. 느끼다 feel		felt
24. 싸우다 fight		fought
25. 찾다 find		found
26. 날다, 비행하다 fly		flown
27. 잊어버리다 forget		forgotten
28. 받다, 얻다 get		gotten[got]
29. 주다 give		given
30. 가다 go		gone
31. 자라다 grow		grown
32. 매달다 hang		hung
33. 가지다, 먹다 have		had
34. 듣다 hear		heard
35. 숨기다, 숨다 hide		hidden
36. 치다 hit		hit
37. 잡다, 개최하다 hold		held
38. 다치게 하다, 아프다 hurt		hurt

동사원형	과거형	과거분사형
39. ~을 계속하다 **keep**		**kept**
40. 알다 **know**		**known**
41. 놓다, 낳다 **lay**		**laid**
42. 이끌다 **lead**		**led**
43. 떠나다 **leave**		**left**
44. 시키다, ~하게 하다 **let**		**let**
45. 잃다, 지다 **lose**		**lost**
46. 만들다 **make**		**made**
47. 만나다 **meet**		**met**
48. 지불하다 **pay**		**paid**
49. 놓다, 두다 **put**		**put**
50. 읽다 **read**		**read**
51. 타다 **ride**		**ridden**
52. 울리다 **ring**		**rung**
53. 오르다, (해·달이) 뜨다 **rise**		**risen**
54. 달리다 **run**		**run**
55. 말하다 **say**		**said**
56. 보다 **see**		**seen**
57. 팔다 **sell**		**sold**
58. 보내다 **send**		**sent**
59 놓다, 차리다 **set**		**set**
60. 흔들다, 악수하다 **shake**		**shaken**

동사원형	과거형	과거분사형
61. 닫다, 닫히다 **shut**		**shut**
62. 노래하다 **sing**		**sung**
63. 가라앉다 **sink**		**sunk**
64. 앉다 **sit**		**sat**
65. 자다 **sleep**		**slept**
66. 말하다 **speak**		**spoken**
67. (돈·시간을) 쓰다 **spend**		**spent**
68. 일어서다 **stand**		**stood**
69. 훔치다 **steal**		**stolen**
70. 수영하다 **swim**		**swum**
71. 타다 **take**		**taken**
72. 가르치다 **teach**		**taught**
73. 찢다 **tear**		**torn**
74. 말하다, 이야기하다 **tell**		**told**
75. 생각하다 **think**		**thought**
76. 던지다, 버리다 **throw**		**thrown**
77. 이해하다 **understand**		**understood**
78. 깨다, 깨우다 **wake**		**woken**
79. 입고[신고/쓰고] 있다 **wear**		**worn**
80. 이기다 **win**		**won**
81. 쓰다 **write**		**written**

▶ 정답은 뒤쪽 면지의 <불규칙 동사의 3단 변화표>를 참고하세요.

테스트 2

불규칙 변화 동사 81 과거분사형 쓰기

동사원형	과거형	과거분사형
1. 있다, ~이다 be	was/were	
2. 참다, (아이를) 낳다 bear	bore	
3. ~이 되다 become	became	
4. 시작하다 begin	began	
5. 물다 bite	bit	
6. 깨다, 고장 나다 break	broke	
7. 가져오다, 데려오다 bring	brought	
8. 짓다 build	built	
9. 사다 buy	bought	
10. 잡다 catch	caught	
11. 고르다 choose	chose	
12. 오다 come	came	
13. (비용이) …들다 cost	cost	
14. 베다, 자르다 cut	cut	
15. (땅을) 파다 dig	dug	
16. 하다 do	did	
17. 그리다 draw	drew	
18. 마시다 drink	drank	
19. 운전하다 drive	drove	

동사원형	과거형	과거분사형
20. 먹다 eat	ate	
21. 떨어지다, 넘어지다 fall	fell	
22. 먹이다 feed	fed	
23. 느끼다 feel	felt	
24. 싸우다 fight	fought	
25. 찾다 find	found	
26. 날다, 비행하다 fly	flew	
27. 잊어버리다 forget	forgot	
28. 받다, 얻다 get	got	
29. 주다 give	gave	
30. 가다 go	went	
32. 자라다 grow	grew	
32. 매달다 hang	hung	
33. 가지다, 먹다 have	had	
34. 듣다 hear	heard	
35. 숨기다, 숨다 hide	hid	
36. 치다 hit	hit	
37. 잡다, 개최하다 hold	held	
38. 다치게 하다, 아프다 hurt	hurt	

동사원형	과거형	과거분사형
39. ~을 계속하다 keep	kept	
40. 알다 know	knew	
41. 놓다, 낳다 lay	laid	
42. 이끌다 lead	led	
43. 떠나다 leave	left	
44. 시키다, ~하게 하다 let	let	
45. 잃다, 지다 lose	lost	
46. 만들다 make	made	
47. 만나다 meet	met	
48. 지불하다 pay	paid	
49. 놓다, 두다 put	put	
50. 읽다 read	read	
51. 타다 ride	rode	
52. 울리다 ring	rang	
53. 오르다, (해·달이) 뜨다 rise	rose	
54. 달리다 run	ran	
55. 말하다 say	said	
56. 보다 see	saw	
57. 팔다 sell	sold	
58. 보내다 send	sent	
59. 놓다, 차리다 set	set	
60. 흔들다, 악수하다 shake	shook	

동사원형	과거형	과거분사형
61. 닫다, 닫히다 shut	shut	
62. 노래하다 sing	sang	
63. 가라앉다 sink	sank	
64. 앉다 sit	sat	
65. 자다 sleep	slept	
66. 말하다 speak	spoke	
67. (돈·시간을) 쓰다 spend	spent	
68. 일어서다 stand	stood	
69. 훔치다 steal	stole	
70. 수영하다 swim	swam	
71. 타다 take	took	
72. 가르치다 teach	taught	
73. 찢다 tear	tore	
74. 말하다, 이야기하다 tell	told	
75. 생각하다 think	thought	
76. 던지다, 버리다 throw	threw	
77. 이해하다 understand	understood	
78. 깨다, 깨우다 wake	woke	
79. 입고[신고/쓰고] 있다 wear	wore	
80. 이기다 win	won	
81. 쓰다 write	wrote	

▶ 정답은 뒤쪽 면지의 <불규칙 동사의 3단 변화표>를 참고하세요.

테스트 3

불규칙 변화 동사 81 표 완성하기

동사원형	과거형	과거분사형
1. 있다, ~이다 be	was/were	
2. 참다, (아이를) 낳다 bear	bore	
3. (　　　) become		become
4. 시작하다 begin	began	
5. (　　　) bite		bitten
6. 깨다, 고장 나다 break	broke	
7. (　　　) bring		brought
8. 짓다 build		built
9. 사다 buy	bought	
10. 잡다 catch	caught	
11. (　　　) choose		chosen
12. 오다 come	came	
13. (　　　) cost		cost
14. 베다, 자르다 cut		cut
15. (땅을) 파다 dig	dug	
16. 하다 do	did	
17. (　　　) draw		drawn
18. 마시다 drink	drank	
19. (　　　) drive		driven

동사원형	과거형	과거분사형
20. 먹다 eat	ate	
21. 떨어지다, 넘어지다 fall	fell	
22. (　　　) feed		fed
23. 느끼다 feel		felt
24. (　　　) fight	fought	
25. 찾다 find		found
26. 날다, 비행하다 fly		flown
27. (　　　) forget	forgot	
28. 받다, 얻다 get		gotten[got]
29. 주다 give	gave	
30. 가다 go	went	
32. (　　　) grow	grew	
32. 매달다 hang		hung
33. 가지다, 먹다 have		had
34. 듣다 hear	heard	
35. (　　　) hide	hid	
36. 치다 hit		hit
37. 잡다, 개최하다 hold	held	
38. 다치게 하다, 아프다 hurt		hurt

동사원형	과거형	과거분사형
39. ( ) keep		kept
40. 알다 know	knew	
41. 놓다, 낳다 lay	laid	
42. ( ) lead		led
43. 떠나다 leave		left
44. 시키다, ~하게 하다 let	let	
45. ( ) lose		lost
46. 만들다 make	made	
47. 만나다 meet	met	
48. ( ) pay		paid
49. 놓다, 두다 put		put
50. 읽다 read	read	
51. ( ) ride		ridden
52. 울리다 ring	rang	
53. ( ) rise	rose	
54. 달리다 run		run
55. 말하다 say		said
56. 보다 see	saw	
57. ( ) sell		sold
58. ( ) send	sent	
59. 놓다, 차리다 set	set	
60. ( ) shake		shaken

동사원형	과거형	과거분사형
61. 닫다, 닫히다 shut		shut
62. 노래하다 sing		sung
63. ( ) sink	sank	
64. 앉다 sit	sat	
65. 자다 sleep		slept
66. 말하다 speak	spoke	
67. ( ) spend	spent	
68. 일어서다 stand		stood
69. ( ) steal	stole	
70. 수영하다 swim		swum
71. 타다 take		taken
72. 가르치다 teach	taught	
73. ( ) tear	tore	
74. 말하다, 이야기하다 tell		told
75. 생각하다 think		thought
76. ( ) throw		thrown
77. 이해하다 understand	understood	
78. ( ) wake		woken
79. 입고[신고/쓰고] 있다 wear	wore	
80. ( ) win		won
81. 쓰다 write	wrote	

▶ 정답은 뒤쪽 면지의 <불규칙 동사의 3단 변화표>를 참고하세요.

테스트 4

기본 동사 162 3단 변화표 완성하기

	뜻	동사원형	과거형	과거분사형
1	행동하다	**act**	–	–
2	더하다	**add**	–	–
3	동의하다	**agree**	–	–
4	대답하다	**answer**	–	–
5	도착하다	**arrive**	–	–
6	묻다, 부탁하다	**ask**	–	–
7	굽다	**bake**	–	–
8	있다, ~이다	**be**	–	–
9	참다, (아이를) 낳다	**bear**	–	–
10	~이 되다	**become**	–	–
11	시작하다	**begin**	–	–
12	믿다	**believe**	–	–
13	물다	**bite**	–	–

	뜻	동사원형	과거형	과거분사형
14	빌리다	borrow	–	–
15	깨다, 고장 나다	break	–	–
16	가져오다, 데려오다	bring	–	–
17	솔질하다, 닦다	brush	–	–
18	짓다	build	–	–
19	사다	buy	–	–
20	부르다, 전화하다	call	–	–
21	들고 가다	carry	–	–
22	잡다	catch	–	–
23	바꾸다	change	–	–
24	확인하다	check	–	–
25	응원하다	cheer	–	–
26	고르다	choose	–	–
27	청소하다	clean	–	–
28	오르다	climb	–	–

뜻	동사원형	과거형	과거분사형
29 닫다, 덮다	close	–	–
30 수집하다	collect	–	–
31 오다	come	–	–
32 요리하다	cook	–	–
33 (비용이) …들다	cost	–	–
34 덮다	cover	–	–
35 건너가다	cross	–	–
36 베다, 자르다	cut	–	–
37 결정하다, 결심하다	decide	–	–
38 미루다	delay	–	–
39 죽다	die	–	–
40 (땅을) 파다	dig	–	–
41 나누다	divide	–	–
42 하다	do	–	–
43 그리다	draw	–	–

	뜻	동사원형	과거형	과거분사형
44	마시다	drink	–	–
45	운전하다	drive	–	–
46	떨어지다, 떨어뜨리다	drop	–	–
47	먹다	eat	–	–
48	즐기다	enjoy	–	–
49	들어가다, 입력하다	enter	–	–
50	실패하다	fail	–	–
51	떨어지다, 넘어지다	fall	–	–
52	먹이다	feed	–	–
53	느끼다	feel	–	–
54	싸우다	fight	–	–
55	채우다	fill	–	–
56	찾다	find	–	–
57	끝내다	finish	–	–
58	고정하다, 수리하다	fix	–	–

뜻	동사원형	과거형	과거분사형
59 날다, 비행하다	fly	–	–
60 잊어버리다	forget	–	–
61 받다, 얻다	get	–	–
62 주다	give	–	–
63 가다	go	–	–
64 자라다	grow	–	–
65 매달다	hang	–	–
66 일어나다	happen	–	–
67 가지다, 먹다	have	–	–
68 듣다	hear	–	–
69 돕다	help	–	–
70 숨기다, 숨다	hide	–	–
71 치다	hit	–	–
72 잡다, 개최하다	hold	–	–
73 다치게 하다, 아프다	hurt	–	–

뜻	동사원형	과거형	과거분사형
74 서두르다	hurry	–	–
75 초대하다	invite	–	–
76 가입하다, 함께하다	join	–	–
77 ~을 계속하다	keep	–	–
78 (발로) 차다	kick	–	–
79 (~을) 죽이다	kill	–	–
80 알다	know	–	–
81 놓다, 낳다	lay	–	–
82 이끌다	lead	–	–
83 배우다	learn	–	–
84 떠나다	leave	–	–
85 시키다, ~하게 하다	let	–	–
86 거짓말하다	lie	–	–
87 듣다	listen	–	–
88 살다	live	–	–

뜻	동사원형	과거형	과거분사형
89 보다, (~으로) 보이다	look	–	–
90 잃다, 지다	lose	–	–
91 사랑하다	love	–	–
92 만들다	make	–	–
93 (~와) 결혼하다	marry	–	–
94 만나다	meet	–	–
95 놓치다	miss	–	–
96 움직이다, 감동시키다	move	–	–
97 필요하다	need	–	–
98 열다	open	–	–
99 페인트칠하다	paint	–	–
100 합격하다	pass	–	–
101 지불하다	pay	–	–
102 따다, 고르다	pick	–	–
103 (게임 · 경기를) 하다	play	–	–

뜻	동사원형	과거형	과거분사형
104 가리키다	point	–	–
105 밀다, 누르다	push	–	–
106 놓다, 두다	put	–	–
107 읽다	read	–	–
108 기억하다	remember	–	–
109 돌아오다	return	–	–
110 타다	ride	–	–
111 울리다	ring	–	–
112 오르다, (해 · 달이) 뜨다	rise	–	–
113 달리다	run	–	–
114 구하다, 저축하다	save	–	–
115 말하다	say	–	–
116 보다	see	–	–
117 팔다	sell	–	–
118 보내다	send	–	–

뜻	동사원형	과거형	과거분사형
119 놓다, 차리다	set	–	–
120 흔들다, 악수하다	shake	–	–
121 충격을 주다	shock	–	–
122 쇼핑하다	shop	–	–
123 닫다, 닫히다	shut	–	–
124 노래하다	sing	–	–
125 가라앉다	sink	–	–
126 앉다	sit	–	–
127 자다	sleep	–	–
128 웃다	smile	–	–
129 ~처럼 들리다	sound	–	–
130 말하다	speak	–	–
131 (돈 · 시간을) 쓰다	spend	–	–
132 일어서다	stand	–	–
133 시작하다	start	–	–

뜻	동사원형	과거형	과거분사형
134 머무르다	stay	–	–
135 훔치다	steal	–	–
136 멈추다	stop	–	–
137 공부하다	study	–	–
138 수영하다	swim	–	–
139 타다	take	–	–
140 이야기하다	talk	–	–
141 맛이 나다, 맛보다	taste	–	–
142 가르치다	teach	–	–
143 찢다	tear	–	–
144 말하다, 이야기하다	tell	–	–
145 감사하다	thank	–	–
146 생각하다	think	–	–
147 던지다, 버리다	throw	–	–
148 노력하다, 시도하다	try	–	–

뜻	동사원형	과거형	과거분사형
149 돌다	turn	–	–
150 이해하다	understand	–	–
151 사용하다	use	–	–
152 방문하다	visit	–	–
153 기다리다	wait	–	–
154 깨다, 깨우다	wake	–	–
155 원하다	want	–	–
156 씻다	wash	–	–
157 지켜보다	watch	–	–
158 입고[신고/쓰고] 있다	wear	–	–
159 이기다	win	–	–
160 일하다	work	–	–
161 걱정하다	worry	–	–
162 쓰다	write	–	–

정답

Part 0 너무나도 중요한 기본 동사 162

A p.11

1	I **act**	We **act**
	He **act**s	It **act**s
2	I **add**	You **add**
	He **add**s	She **add**s
3	I **agree**	They **agree**
	He **agree**s	She **agree**s
4	I **answer**	We **answer**
	He **answer**s	She **answer**s
5	It **arrive**s	You **arrive**
	He **arrive**s	I **arrive**
6	I **ask**	They **ask**
	He **ask**s	She **ask**s

B p.11

7	I **bake**	He **bake**s
	We **bake**	She **bake**s
8	I **am**	You **are**
	He is	It is
9	I **bear**	They **bear**
	He **bear**s	She **bear**s
10	I **become**	She **become**s
	He **become**s	We **become**
11	I **begin**	You **begin**
	He **begin**s	It **begin**s
12	I **believe**	We **believe**
	He **believe**s	She **believe**s
13	The dog **bite**s	We **bite**
	He **bite**s	I **bite**
14	I **borrow**	You **borrow**
	He **borrow**s	She **borrow**s
15	I **break**	They **break**
	The boy **break**s	The child **break**s
16	I **bring**	You **bring**
	Jane **bring**s	Ben **bring**s
17	Everyone **brush**es	They **brush**
	I **brush**	No one **brush**es
18	I **build**	The team **build**s
	The workers **build**	It **build**s
19	Children **buy**	People **buy**
	A man **buy**s	The woman **buy**s

C p.12

20	I **call**	We **call**
	He **call**s	She **call**s
21	You **carry**	I **carry**
	He **carr**ies	She **carr**ies
22	I **catch**	They **catch**
	A girl **catch**es	The boy **catch**es
23	I **change**	You **change**
	Jane **change**s	Ben **change**s
24	I **check**	You **check**
	He **check**s	She **check**s
25	I **cheer**	They **cheer**
	He **cheer**s	She **cheer**s
26	We **choose**	I **choose**
	A boy **choose**s	The girl **choose**s
27	I **clean**	You **clean**
	Jane **clean**s	Ben **clean**s
28	No one **climb**s	They **climb**
	Everyone **climb**s	I **climb**
29	I **close**	My friends **close**
	The shop **close**s	It **close**s
30	Children **collect**	People **collect**
	Mr. Lee **collect**s	Ms. Lee **collect**s
31	I **come**	We **come**
	He **come**s	She **come**s
32	He **cook**s	You **cook**
	I **cook**	She **cook**s
33	I **cost**	They **cost**
	A girl **cost**s	The boy **cost**s
34	Snow **cover**s	You **cover**
	I **cover**	It **cover**s
35	I **cross**	Everyone **cross**es
	No one **cross**es	They **cross**
36	I **cut**	People **cut**
	A man **cut**s	The woman **cut**s

D p.14

37	I **decide**	We **decide**
	He **decide**s	She **decide**s

38 I **delay** | It **delays**
He **delays** | You **delay**

39 I **die** | They **die**
He **dies** | She **dies**

40 I **dig** | The farmer **digs**
We **dig** | A dog **digs**

41 I **divide** | Jane **divides**
You **divide** | Ben **divides**

42 I **do** | They **do**
Everyone **does** | No one **does**

43 I **draw** | My friends **draw**
My brother **draws** | The girl **draws**

44 The boy **drinks** | Some kids **drink**
The cat **drinks** | I **drink**

45 Mr. Lee **drives** | People **drive**
I **drive** | Ms. Lee **drives**

46 I **drop** | Sales **drop**
Water **drops** | A pear **drops**

E p.15

47 We **eat** | I **eat**
He **eats** | She **eats**

48 I **enjoy** | You **enjoy**
He **enjoys** | She **enjoys**

49 I **enter** | They **enter**
He **enters** | It **enters**

F p.15

50 I **fail** | She **fails**
He **fails** | We **fail**

51 I **fall** | You **fall**
He **falls** | It **falls**

52 They **feed** | I **feed**
Mr. Lee **feeds** | Ms. Lee **feeds**

53 I **feel** | We **feel**
Jane **feels** | Ben **feels**

54 The player **fights** | You **fight**
The team **fights** | I **fight**

55 I **fill** | They **fill**
Everyone **fills** | No one **fills**

56 I **find** | My friends **find**
My sister **finds** | A hunter **finds**

57 I **finish** | A man **finishes**
People **finish** | The woman **finishes**

58 I **fix** | My parents **fix**
My mother **fixes** | My dad **fixes**

59 It **flies** | They **fly**
A bird **flies** | I **fly**

60 I **forget** | We **forget**
He **forgets** | She **forgets**

G p.16

61 I **get** | You **get**
He **gets** | It **gets**

62 I **give** | Everyone **gives**
They **give** | No one **gives**

63 Children **go** | People **go**
Mr. Lee **goes** | Ms. Lee **goes**

64 Kids **grow** | A tree **grows**
Seeds **grow** | The company **grows**

H p.17

65 I **hang** | We **hang**
He **hangs** | She **hangs**

66 I **happen** | It **happens**
He **happens** | You **happen**

67 I **have** | They **have**
He **has** | A frog **has**

68 The girl **hears** | We **hear**
A bird **hears** | I **hear**

69 I **help** | You **help**
Jane **helps** | Ben **helps**

70 I **hide** | They **hide**
Everyone **hides** | No one **hides**

71 I **hit** | A player **hits**
My friends **hit** | Someone **hits**

72 I **hold** | People **hold**
Mr. Lee **holds** | Ms. Lee **holds**

73 I **hurt** | It **hurts**
He **hurts** | We **hurt**

74 I **hurry** | The boy **hurries**
We **hurry** | She **hurries**

I J K p.18

75 I **invite** | You **invite**

He invites | She invites

76 I join | We join
He joins | She joins

77 I keep | You keep
He keeps | She keeps

78 A player kicks | We kick
I kick | The boy kicks

79 It kills | They kill
I kill | A cat kills

80 I know | They know
Everyone knows | No one knows

L p.18

81 A bird lays | We lay
I lay | The girl lays

82 I lead | You lead
The team leads | My friend leads

83 He learns | She learns
I learn | We learn

84 I leave | You leave
He leaves | It leaves

85 I let | She lets
He lets | They let

86 I lie | We lie
Jane lies | Ben lies

87 The boy listens | The student listens
I listen | You listen

88 They live | I live
My friend lives | No one lives

89 I look | Everyone looks
You look | My sister looks

90 I lose | People lose
A man loses | The woman loses

91 My parents love | I love
My dad loves | My mom loves

M p.19

92 I make | We make
He makes | It makes

93 You marry | I marry
He marries | She marries

94 I meet | Mr. Lee meets
They meet | Ms. Lee meets

95 I miss | We miss
He misses | She misses

96 I move | You move
He moves | It moves

N O p.20

97 I need | She needs
It needs | They need

98 I open | We open
She opens | He opens

P p.20

99 I paint | You paint
A man paints | The woman paints

100 I pass | No one passes
My friend passes | They pass

101 Everyone pays | You pay
I pay | My sister pays

102 I pick | She picks
He picks | People pick

103 I play | We play
The team plays | The player plays

104 My sister points | My parents point
My brother points | I point

105 I push | We push
He pushes | She pushes

106 I put | You put
Mr. Lee puts | Ms. Lee puts

R p.21

107 I read | We read
He reads | She reads

108 I remember | You remember
He remembers | It remembers

109 I return | Ms. Lee returns
Mr. Lee returns | They return

110 I ride | We ride
Jane rides | Ben rides

111 This rings | You ring
The bell rings | I ring

112 The sun rises | The moon rises
I rise | They rise

113 I **run** You **run**
Everyone **runs** The runner **runs**

S ········ p.22

114 I **save** You **save**
The boy **saves** The girl **saves**

115 I **say** No one **says**
My friend **says** They **say**

116 Everyone **sees** You **see**
I **see** My sister **sees**

117 I **sell** People **sell**
A man **sells** This store **sells**

118 I **send** My mother **sends**
My father **sends** My parents **send**

119 I **set** You **set**
He **sets** It **sets**

120 I **shake** They **shake**
He **shakes** She **shakes**

121 I **shock** We **shock**
It **shocks** The news **shocks**

122 I **shop** Ms. Lee **shops**
Mr. Lee **shops** You **shop**

123 They **shut** I **shut**
It **shuts** The store **shuts**

124 I **sing** My friends **sing**
The singer **sings** The bird **sings**

125 Children **sink** The ship **sinks**
The boat **sinks** People **sink**

126 We **sit** I **sit**
He **sits** She **sits**

127 I **sleep** You **sleep**
He **sleeps** She **sleeps**

128 I **smile** The baby **smiles**
A girl **smiles** They **smile**

129 That **sounds** You **sound**
I **sound** It **sounds**

130 I **speak** They **speak**
Everyone **speaks** No one **speaks**

131 I **spend** You **spend**
He **spends** She **spends**

132 I **stand** We **stand**
He **stands** It **stands**

133 This show **starts** They **start**
I **start** The class **starts**

134 I **stay** We **stay**
The team **stays** My family **stays**

135 I **steal** It **steals**
You **steal** The thief **steals**

136 I **stop** They **stop**
The rain **stops** The service **stops**

137 The girl **studies** The student **studies**
I **study** My friends **study**

138 Children **swim** A fish **swims**
People **swim** The swimmer **swims**

T ········ p.24

139 I **take** We **take**
He **takes** She **takes**

140 I **talk** You **talk**
He **talks** She **talks**

141 The pie **tastes** They **taste**
I **taste** This **tastes**

142 I **teach** The teacher **teaches**
Mr. Lee **teaches** You **teach**

143 I **tear** You **tear**
He **tears** She **tears**

144 I **tell** They **tell**
Mr. Lee **tells** Ms. Lee **tells**

145 I **thank** The girl **thanks**
A boy **thanks** We **thank**

146 I **think** You **think**
Jane **thinks** Ben **thinks**

147 Everyone **throws** They **throw**
I **throw** No one **throws**

148 I **try** Ms. Lee **tries**
Mr. Lee **tries** My friends **try**

149 This **turns** People **turn**
The car **turns** Children **turn**

U V ········ p.25

150 I **understand** We **understand**
He **understands** She **understands**

151 I **use** You **use**
He **uses** She **uses**

152 I **visit** | Ms. Lee **visits**
Mr. Lee **visits** | We **visit**

W ························ p.25

153 I **wait** | You **wait**
He **waits** | She **waits**

154 I **wake** | We **wake**
He **wakes** | It **wakes**

155 You **want** | I **want**
He **wants** | She **wants**

156 I **wash** | They **wash**
He **washes** | She **washes**

157 I **watch** | Jane **watches**
We **watch** | Ben **watches**

158 The boy **wears** | The student **wears**
I **wear** | You **wear**

159 I **win** | They **win**
My friend **wins** | No one **wins**

160 I **work** | You **work**
Everyone **works** | My sister **works**

161 My parents **worry** | My mother **worries**
My father **worries** | I **worry**

162 People **write** | Mr. Lee **writes**
I **write** | Ms. Lee **writes**

QUICK CHECK ························ p.27

① washes ② studies ③ drinks ④ teaches
⑤ wears ⑥ takes ⑦ speaks ⑧ flies

Part 1 -ed 규칙 변화 동사 익히기

Day 01 PRACTICE ························ p.35

A.

① 행동하다	act	acted	acted
② 더하다	add	added	added
③ 대답하다	answer	answered	answered
④ 묻다, 부탁하다	ask	asked	asked
⑤ 빌리다	borrow	borrowed	borrowed
⑥ 솔질하다, 닦다	brush	brushed	brushed
⑦ 부르다, 전화하다	call	called	called
⑧ 확인하다	check	checked	checked
⑨ 응원하다	cheer	cheered	cheered

B.

① Add ② acted ③ Answer ④ ask ⑤ borrow
⑥ brushed ⑦ called ⑧ cheer ⑨ checked

Day 02 PRACTICE ························ p.39

A.

① 청소하다	clean	cleaned	cleaned
② 오르다	climb	climbed	climbed
③ 수집하다	collect	collected	collected
④ 요리하다	cook	cooked	cooked
⑤ 덮다	cover	covered	covered
⑥ 건너가다	cross	crossed	crossed
⑦ 미루다	delay	delayed	delayed
⑧ 즐겁게 보내다	enjoy	enjoyed	enjoyed
⑨ 들어가다, 입력하다	enter	entered	entered

B.

① collected ② clean ③ climbed ④ covered
⑤ cross ⑥ cooked ⑦ Enjoy ⑧ delayed ⑨ enter

Day 03 PRACTICE ························ p.43

A.

① 실패하다	fail	failed	failed
② 채우다	fill	filled	filled
③ 끝내다	finish	finished	finished
④ 고정하다, 수리하다	fix	fixed	fixed
⑤ 일어나다	happen	happened	happened
⑥ 돕다	help	helped	helped
⑦ 가입하다, 함께하다	join	joined	joined
⑧ (발로) 차다	kick	kicked	kicked
⑨ (~을) 죽이다	kill	killed	killed

B.

① failed ② finished ③ fill ④ happened ⑤ fixed
⑥ help ⑦ killed ⑧ joined ⑨ kick

Review Test Day 01~03 ························ p.44

A.

① ⓐ ② ⓐ ③ ⓑ ④ ⓐ ⑤ ⓑ ⑥ ⓑ

B.

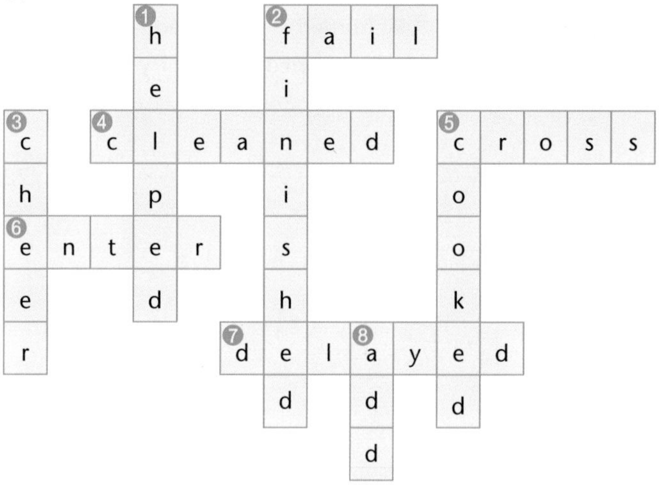

ACROSS
② fail
④ 청소하다, cleaned
⑤ cross
⑥ enter
⑦ delayed

DOWN
① helped
② 끝내다, finished
③ cheer
⑤ 요리하다, cooked
⑧ add

Day 04 PRACTICE ···································· p.49

A.

①	배우다	learn	learned	learned
②	듣다	listen	listened	listened
③	보다, (~으로) 보이다	look	looked	looked
④	놓치다	miss	missed	missed
⑤	필요하다	need	needed	needed
⑥	열다	open	opened	opened
⑦	페인트칠하다	paint	painted	painted
⑧	합격하다	pass	passed	passed
⑨	따다, 고르다	pick	picked	picked

B.

① listened ② looked ③ learn ④ miss ⑤ needed
⑥ opened ⑦ pick ⑧ painted ⑨ passed

Day 05 PRACTICE ···································· p.53

A.

①	(게임 · 경기를) 하다	play	played	played
②	가리키다	point	pointed	pointed
③	밀다, 누르다	push	pushed	pushed
④	기억하다	remember	remembered	remembered
⑤	돌아오다	return	returned	returned
⑥	충격을 주다	shock	shocked	shocked
⑦	~처럼 들리다	sound	sounded	sounded
⑧	시작하다	start	started	started
⑨	머무르다	stay	stayed	stayed

B.

① point ② played ③ push ④ returned
⑤ remember ⑥ shocked ⑦ stayed ⑧ sounded
⑨ start

Day 06 PRACTICE ···································· p.57

A.

①	이야기하다	talk	talked	talked
②	감사하다	thank	thanked	thanked
③	돌다	turn	turned	turned
④	방문하다	visit	visited	visited
⑤	기다리다	wait	waited	waited
⑥	원하다	want	wanted	wanted
⑦	씻다	wash	washed	washed
⑧	지켜보다	watch	watched	watched
⑨	일하다	work	worked	worked

B.

① talked ② Thank ③ waited ④ Turn ⑤ watched
⑥ want ⑦ worked ⑧ visited ⑨ wash

Review Test Day 04~06 ···································· p.58

A.

① ⓐ ② ⓑ ③ ⓐ ④ ⓑ ⑤ ⓐ ⑥ ⓐ

B.

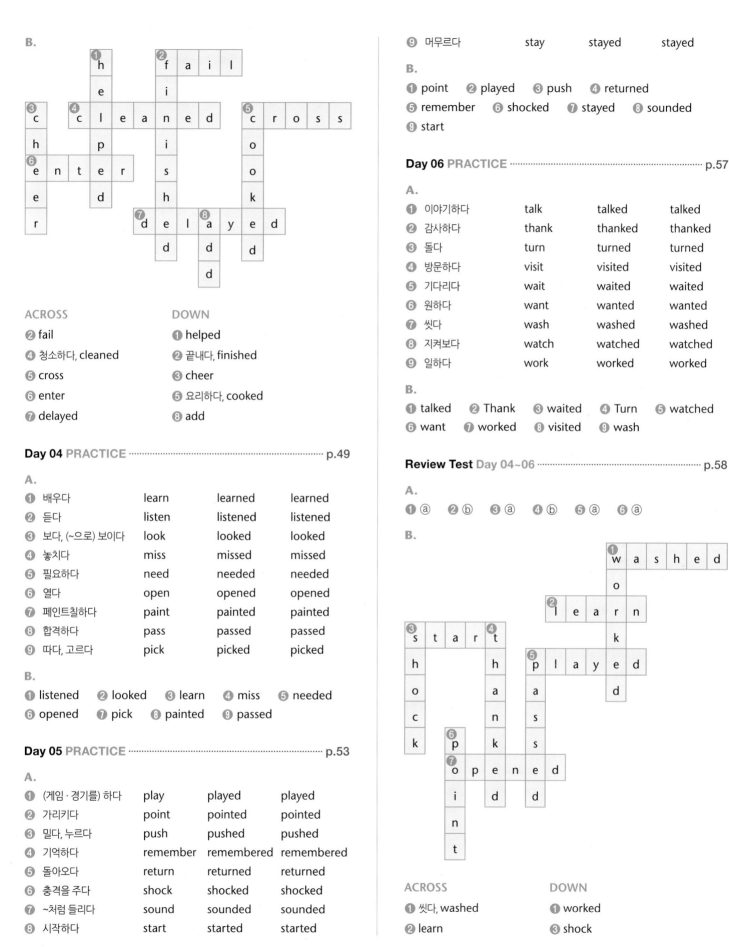

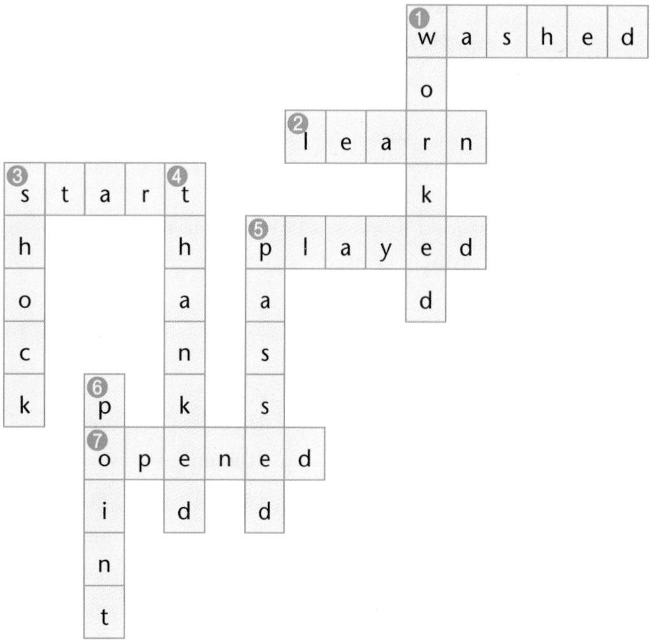

ACROSS
① 씻다, washed
② learn

DOWN
① worked
③ shock

③ start, 시작하다 ④ thanked
⑤ played ⑤ passed
⑦ 열다, opened ⑥ point, 가리키다

Day 07 PRACTICE ········· p.63

A.

① 동의하다	agree	agreed	agreed
② 도착하다	arrive	arrived	arrived
③ 굽다	bake	baked	baked
④ 믿다	believe	believed	believed
⑤ 바꾸다	change	changed	changed
⑥ 닫다, 덮다	close	closed	closed
⑦ 결정하다, 결심하다	decide	decided	decided
⑧ 죽다	die	died	died
⑨ 나누다	divide	divided	divided

B.

① arrived ② agreed ③ bake ④ believed
⑤ changed ⑥ closed ⑦ died ⑧ decide ⑨ divided

Day 08 PRACTICE ········· p.67

A.

① 초대하다	invite	invited	invited
② 거짓말하다	lie	lied	lied
③ 살다	live	lived	lived
④ 사랑하다	love	loved	loved
⑤ 움직이다, 감동시키다	move	moved	moved
⑥ 구하다, 저축하다	save	saved	saved
⑦ 웃다	smile	smiled	smiled
⑧ 맛이 나다, 맛보다	taste	tasted	tasted
⑨ 사용하다	use	used	used

B.

① invite ② lie ③ loved ④ lived ⑤ smiled
⑥ moved ⑦ taste ⑧ used ⑨ saved

Day 09 PRACTICE ········· p.71

A.

① 노력하다, 시도하다	try	tried	tried
② 공부하다	study	studied	studied
③ 들고 가다	carry	carried	carried
④ 서두르다	hurry	hurried	hurried
⑤ (~와) 결혼하다	marry	married	married
⑥ 걱정하다	worry	worried	worried
⑦ 떨어지다, 떨어뜨리다	drop	dropped	dropped
⑧ 쇼핑하다	shop	shopped	shopped
⑨ 멈추다	stop	stopped	stopped

B.

① carried ② tried ③ hurried ④ studied
⑤ shopped ⑥ Stop ⑦ dropped ⑧ worry
⑨ married

Review Test Day 07~09 ········· p.72

A.

① ⓐ ② ⓑ ③ ⓐ ④ ⓐ ⑤ ⓐ ⑥ ⓐ

B.

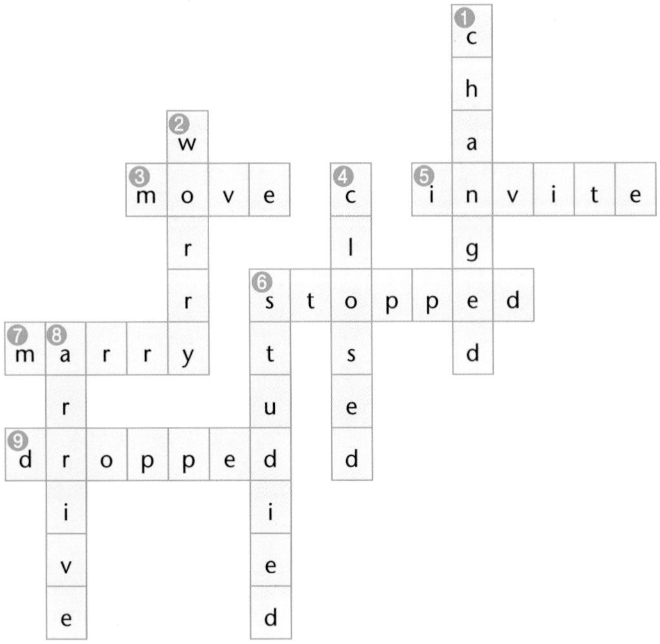

ACROSS	DOWN
③ move	① 바꾸다, changed
⑤ invite, 초대하다	② worry
⑥ stopped	④ 닫다, closed
⑦ marry	⑥ studied
⑨ 떨어뜨리다, dropped	⑧ arrive

Part 2 불규칙 변화 동사 익히기

Day 10 PRACTICE ········· p.81

A.

① 베다, 자르다	cut	cut	cut
② 닫다, 닫히다	shut	shut	shut
③ 다치게 하다, 아프다	hurt	hurt	hurt
④ 놓다, 두다	put	put	put
⑤ 치다	hit	hit	hit
⑥ 시키다, ~하게 하다	let	let	let

⑦ 놓다, 차리다	set	set	set
⑧ (비용이) …들다	cost	cost	cost
⑨ 읽다	read	read	read

B.

① shut ② cut ③ put ④ hurt ⑤ cost
⑥ set ⑦ read ⑧ hit ⑨ let

Day 11 PRACTICE ············ p.85

A.

① ~이 되다	become	became	become
② 오다	come	came	come
③ 달리다	run	ran	run
④ 매달다	hang	hung	hung
⑤ (땅을) 파다	dig	dug	dug
⑥ 앉다	sit	sat	sat
⑦ 이기다	win	won	won
⑧ 만나다	meet	met	met
⑨ 먹이다	feed	fed	fed

B.

① came ② become ③ hung ④ ran ⑤ sat
⑥ dug ⑦ meet ⑧ fed ⑨ won

Day 12 PRACTICE ············ p.89

A.

① 이끌다	lead	led	led
② 찾다	find	found	found
③ 잡다, 개최하다	hold	held	held
④ 잃다, 지다	lose	lost	lost
⑤ 짓다	build	built	built
⑥ 보내다	send	sent	sent
⑦ (돈 · 시간을) 쓰다	spend	spent	spent
⑧ 가지다, 먹다	have	had	had
⑨ 만들다	make	made	made

B.

① found ② held ③ lead ④ lost ⑤ spend
⑥ built ⑦ had ⑧ made ⑨ sent

Review Test Day 10~12 ············ p.90

A.

① ⓐ ② ⓑ ③ ⓐ ④ ⓑ ⑤ ⓑ ⑥ ⓑ

B.

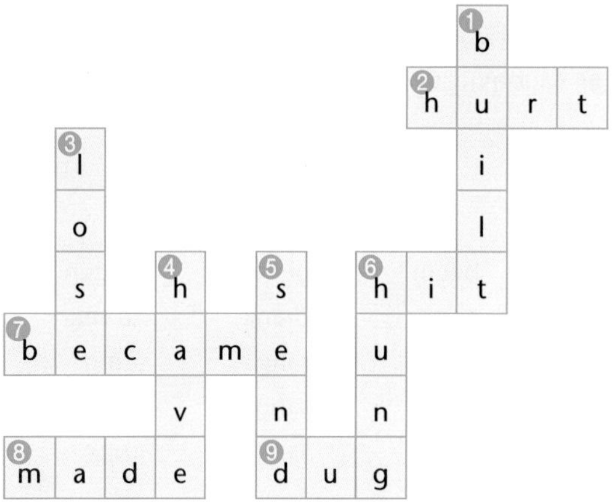

ACROSS	DOWN
② hurt	① built
⑥ hit	③ lose
⑦ became	④ have
⑧ made	⑤ send
⑨ dug	⑥ hung

Day 13 PRACTICE ············ p.95

A.

① 듣다	hear	heard	heard
② 일어서다	stand	stood	stood
③ 이해하다	understand	understood	understood
④ 팔다	sell	sold	sold
⑤ 말하다, 이야기하다	tell	told	told
⑥ 느끼다	feel	felt	felt
⑦ 떠나다	leave	left	left
⑧ ~을 계속하다	keep	kept	kept
⑨ 자다	sleep	slept	slept

B.

① sold ② understood ③ stood ④ heard
⑤ feel ⑥ slept ⑦ left ⑧ kept ⑨ told

Day 14 PRACTICE ············ p.99

A.

① 놓다, 낳다	lay	laid	laid
② 지불하다	pay	paid	paid
③ 말하다	say	said	said
④ 사다	buy	bought	bought
⑤ 가져오다, 데려오다	bring	brought	brought
⑥ 잡다	catch	caught	caught
⑦ 싸우다	fight	fought	fought
⑧ 가르치다	teach	taught	taught
⑨ 생각하다	think	thought	thought

B.

❶ paid ❷ laid ❸ bought ❹ said ❺ thought
❻ fought ❼ caught ❽ brought ❾ teach

Day 15 PRACTICE ······ p.103

A.

❶ 시작하다	begin	began	begun
❷ 마시다	drink	drank	drunk
❸ 울리다	ring	rang	rung
❹ 노래하다	sing	sang	sung
❺ 가라앉다	sink	sank	sunk
❻ 수영하다	swim	swam	swum
❼ 있다, ~이다	be	was/were	been
❽ 하다	do	did	done
❾ 가다	go	went	gone

B.

❶ begun ❷ sang ❸ rung ❹ drank ❺ sink
❻ went ❼ did ❽ swam ❾ were

Day 13~15 Review Test ······ p.104

A.

❶ ⓑ ❷ ⓐ ❸ ⓑ ❹ ⓐ ❺ ⓐ ❻ ⓑ

B.

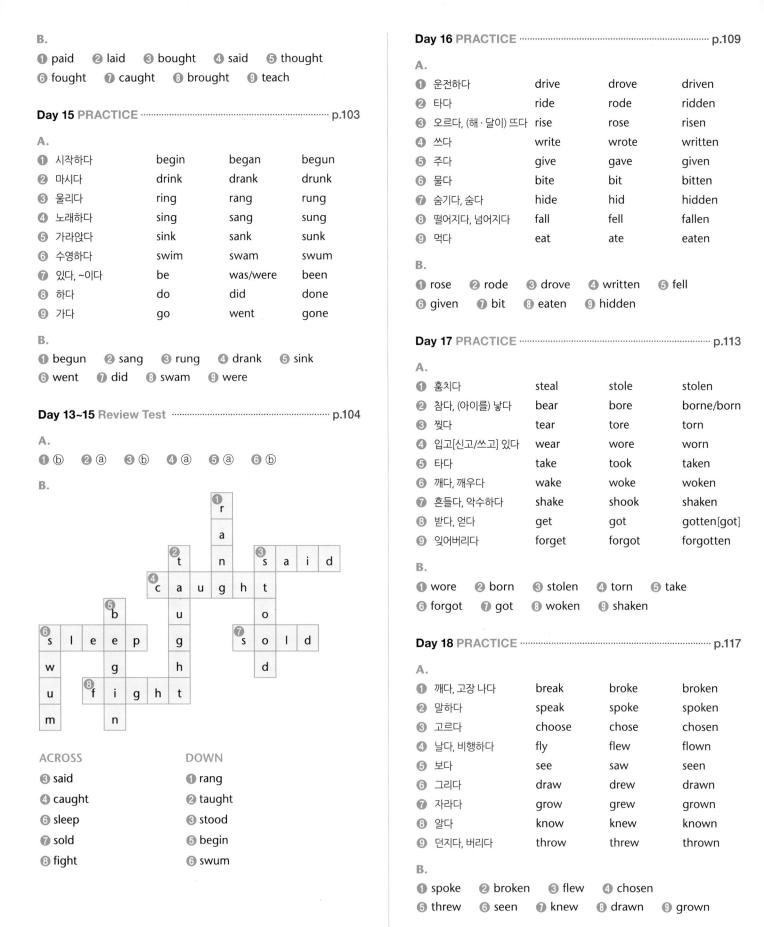

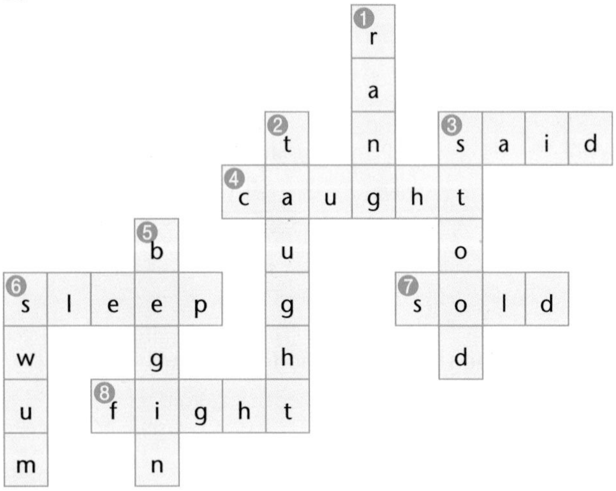

ACROSS
❸ said
❹ caught
❻ sleep
❼ sold
❽ fight

DOWN
❶ rang
❷ taught
❸ stood
❺ begin
❻ swum

Day 16 PRACTICE ······ p.109

A.

❶ 운전하다	drive	drove	driven
❷ 타다	ride	rode	ridden
❸ 오르다, (해 · 달이) 뜨다	rise	rose	risen
❹ 쓰다	write	wrote	written
❺ 주다	give	gave	given
❻ 물다	bite	bit	bitten
❼ 숨기다, 숨다	hide	hid	hidden
❽ 떨어지다, 넘어지다	fall	fell	fallen
❾ 먹다	eat	ate	eaten

B.

❶ rose ❷ rode ❸ drove ❹ written ❺ fell
❻ given ❼ bit ❽ eaten ❾ hidden

Day 17 PRACTICE ······ p.113

A.

❶ 훔치다	steal	stole	stolen
❷ 참다, (아이를) 낳다	bear	bore	borne/born
❸ 찢다	tear	tore	torn
❹ 입고[신고/쓰고] 있다	wear	wore	worn
❺ 타다	take	took	taken
❻ 깨다, 깨우다	wake	woke	woken
❼ 흔들다, 악수하다	shake	shook	shaken
❽ 받다, 얻다	get	got	gotten[got]
❾ 잊어버리다	forget	forgot	forgotten

B.

❶ wore ❷ born ❸ stolen ❹ torn ❺ take
❻ forgot ❼ got ❽ woken ❾ shaken

Day 18 PRACTICE ······ p.117

A.

❶ 깨다, 고장 나다	break	broke	broken
❷ 말하다	speak	spoke	spoken
❸ 고르다	choose	chose	chosen
❹ 날다, 비행하다	fly	flew	flown
❺ 보다	see	saw	seen
❻ 그리다	draw	drew	drawn
❼ 자라다	grow	grew	grown
❽ 알다	know	knew	known
❾ 던지다, 버리다	throw	threw	thrown

B.

❶ spoke ❷ broken ❸ flew ❹ chosen
❺ threw ❻ seen ❼ knew ❽ drawn ❾ grown

Review Test Day 16~18 .... p.118

A.

❶ ⓐ ❷ ⓐ ❸ ⓐ ❹ ⓑ ❺ ⓐ ❻ ⓑ

B.

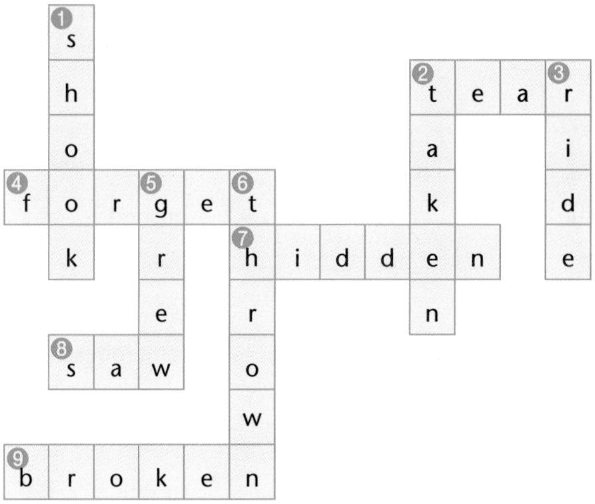

ACROSS	DOWN
❷ tear	❶ shook
❹ forget	❷ taken
❼ hidden	❸ ride
❽ saw	❺ grew
❾ broken	❻ thrown

종합 테스트

테스트 4 기본 동사 162 .... p.128

1	act	–	acted	–	acted
2	add	–	added	–	added
3	agree	–	agreed	–	agreed
4	answer	–	answered	–	answered
5	arrive	–	arrived	–	arrived
6	ask	–	asked	–	asked
7	bake	–	baked	–	baked
8	be	–	was/were	–	been
9	bear	–	bore	–	borne/born
10	become	–	became	–	become
11	begin	–	began	–	begun
12	believe	–	believed	–	believed
13	bite	–	bit	–	bitten
14	borrow	–	borrowed	–	borrowed
15	break	–	broke	–	broken
16	bring	–	brought	–	brought
17	brush	–	brushed	–	brushed
18	build	–	built	–	built
19	buy	–	bought	–	bought
20	call	–	called	–	called
21	carry	–	carried	–	carried
22	catch	–	caught	–	caught
23	change	–	changed	–	changed
24	check	–	checked	–	checked
25	cheer	–	cheered	–	cheered
26	choose	–	chose	–	chosen
27	clean	–	cleaned	–	cleaned
28	climb	–	climbed	–	climbed
29	close	–	closed	–	closed
30	collect	–	collected	–	collected
31	come	–	came	–	come
32	cook	–	cooked	–	cooked
33	cost	–	cost	–	cost
34	cover	–	covered	–	covered
35	cross	–	crossed	–	crossed
36	cut	–	cut	–	cut
37	decide	–	decided	–	decided
38	delay	–	delayed	–	delayed
39	die	–	died	–	died
40	dig	–	dug	–	dug
41	divide	–	divided	–	divided
42	do	–	did	–	done
43	draw	–	drew	–	drawn
44	drink	–	drank	–	drunk
45	drive	–	drove	–	driven
46	drop	–	dropped	–	dropped
47	eat	–	ate	–	eaten
48	enjoy	–	enjoyed	–	enjoyed
49	enter	–	entered	–	entered
50	fail	–	failed	–	failed
51	fall	–	fell	–	fallen
52	feed	–	fed	–	fed
53	feel	–	felt	–	felt
54	fight	–	fought	–	fought
55	fill	–	filled	–	filled

56	find	–	found	–	found
57	finish	–	finished	–	finished
58	fix	–	fixed	–	fixed
59	fly	–	flew	–	flown
60	forget	–	forgot	–	forgotten
61	get	–	got	–	gotten[got]
62	give	–	gave	–	given
63	go	–	went	–	gone
64	grow	–	grew	–	grown
65	hang	–	hung	–	hung
66	happen	–	happened	–	happened
67	have	–	had	–	had
68	hear	–	heard	–	heard
69	help	–	helped	–	helped
70	hide	–	hid	–	hidden
71	hit	–	hit	–	hit
72	hold	–	held	–	held
73	hurt	–	hurt	–	hurt
74	hurry	–	hurried	–	hurried
75	invite	–	invited	–	invited
76	join	–	joined	–	joined
77	keep	–	kept	–	kept
78	kick	–	kicked	–	kicked
79	kill	–	killed	–	killed
80	know	–	knew	–	known
81	lay	–	laid	–	laid
82	lead	–	led	–	led
83	learn	–	learned	–	learned
84	leave	–	left	–	left
85	let	–	let	–	let
86	lie	–	lied	–	lied
87	listen	–	listened	–	listened
88	live	–	lived	–	lived
89	look	–	looked	–	looked
90	lose	–	lost	–	lost
91	love	–	loved	–	loved
92	make	–	made	–	made
93	marry	–	married	–	married
94	meet	–	met	–	met
95	miss	–	missed	–	missed
96	move	–	moved	–	moved
97	need	–	needed	–	needed
98	open	–	opened	–	opened
99	paint	–	painted	–	painted
100	pass	–	passed	–	passed
101	pay	–	paid	–	paid
102	pick	–	picked	–	picked
103	play	–	played	–	played
104	point	–	pointed	–	pointed
105	push	–	pushed	–	pushed
106	put	–	put	–	put
107	read	–	read	–	read
108	remember	–	remembered	–	remembered
109	return	–	returned	–	returned
110	ride	–	rode	–	ridden
111	ring	–	rang	–	rung
112	rise	–	rose	–	risen
113	run	–	ran	–	run
114	save	–	saved	–	saved
115	say	–	said	–	said
116	see	–	saw	–	seen
117	sell	–	sold	–	sold
118	send	–	sent	–	sent
119	set	–	set	–	set
120	shake	–	shook	–	shaken
121	shock	–	shocked	–	shocked
122	shop	–	shopped	–	shopped
123	shut	–	shut	–	shut
124	sing	–	sang	–	sung
125	sink	–	sank	–	sunk
126	sit	–	sat	–	sat
127	sleep	–	slept	–	slept
128	smile	–	smiled	–	smiled
129	sound	–	sounded	–	sounded
130	speak	–	spoke	–	spoken
131	spend	–	spent	–	spent
132	stand	–	stood	–	stood
133	start	–	started	–	started
134	stay	–	stayed	–	stayed
135	steal	–	stole	–	stolen
136	stop	–	stopped	–	stopped
137	study	–	studied	–	studied

138	swim	–	swam	–	swum
139	take	–	took	–	taken
140	talk	–	talked	–	talked
141	taste	–	tasted	–	tasted
142	teach	–	taught	–	taught
143	tear	–	tore	–	torn
144	tell	–	told	–	told
145	thank	–	thanked	–	thanked
146	think	–	thought	–	thought
147	throw	–	threw	–	thrown
148	try	–	tried	–	tried
149	turn	–	turned	–	turned
150	understand	–	understood	–	understood
151	use	–	used	–	used
152	visit	–	visited	–	visited
153	wait	–	waited	–	waited
154	wake	–	woke	–	woken
155	want	–	wanted	–	wanted
156	wash	–	washed	–	washed
157	watch	–	watched	–	watched
158	wear	–	wore	–	worn
159	win	–	won	–	won
160	work	–	worked	–	worked
161	worry	–	worried	–	worried
162	write	–	wrote	–	written

불규칙 동사의 3단 변화표

	동사원형	과거형	과거분사형
1	be 있다, ~이다	was/were	been
2	bear 참다, 낳다	bore	borne/born
3	become ~이 되다	became	become
4	begin 시작하다	began	begun
5	bite 물다	bit	bitten
6	break 깨다, 고장 나다	broke	broken
7	bring 가져오다, 데려오다	brought	brought
8	build 짓다	built	built
9	buy 사다	bought	bought
10	catch 잡다	caught	caught
11	choose 고르다	chose	chosen
12	come 오다	came	come
13	cost (비용이) …들다	cost	cost
14	cut 베다, 자르다	cut	cut
15	dig (땅을) 파다	dug	dug
16	do 하다	did	done
17	draw 그리다	drew	drawn
18	drink 마시다	drank	drunk
19	drive 운전하다	drove	driven
20	eat 먹다	ate	eaten
21	fall 떨어지다, 넘어지다	fell	fallen
22	feed 먹이다	fed	fed
23	feel 느끼다	felt	felt
24	fight 싸우다	fought	fought
25	find 찾다	found	found
26	fly 날다, 비행하다	flew	flown
27	forget 잊어버리다	forgot	forgotten
28	get 받다, 얻다	got	gotten[got]
29	give 주다	gave	given
30	go 가다	went	gone
31	grow 자라다	grew	grown
32	hang 매달다	hung	hung
33	have 가지다, 먹다	had	had
34	hear 듣다	heard	heard
35	hide 숨기다, 숨다	hid	hidden
36	hit 치다	hit	hit
37	hold 잡다, 개최하다	held	held
38	hurt 다치게 하다, 아프다	hurt	hurt
39	keep ~을 계속하다	kept	kept
40	know 알다	knew	known

	동사원형	과거형	과거분사형
41	lay 놓다, 낳다	laid	laid
42	lead 이끌다	led	led
43	leave 떠나다	left	left
44	let 시키다, ~하게 하다	let	let
45	lose 잃다, 지다	lost	lost
46	make 만들다	made	made
47	meet 만나다	met	met
48	pay 지불하다	paid	paid
49	put 놓다, 두다	put	put
50	read 읽다	read	read
51	ride 타다	rode	ridden
52	ring 울리다	rang	rung
53	rise 오르다, 해·달이 뜨다	rose	risen
54	run 달리다	ran	run
55	say 말하다	said	said
56	see 보다	saw	seen
57	sell 팔다	sold	sold
58	send 보내다	sent	sent
59	set 놓다, 차리다	set	set
60	shake 흔들다, 악수하다	shook	shaken

	동사원형	과거형	과거분사형
61	shut 닫다, 닫히다	shut	shut
62	sing 노래하다	sang	sung
63	sink 가라앉다	sank	sunk
64	sit 앉다	sat	sat
65	sleep 자다	slept	slept
66	speak 말하다	spoke	spoken
67	spend (돈·시간을) 쓰다	spent	spent
68	stand 일어서다	stood	stood
69	steal 훔치다	stole	stolen
70	swim 수영하다	swam	swum
71	take 타다	took	taken
72	teach 가르치다	taught	taught
73	tear 찢다	tore	torn
74	tell 말하다, 이야기하다	told	told
75	think 생각하다	thought	thought
76	throw 던지다, 버리다	threw	thrown
77	understand 이해하다	understood	understood
78	wake 깨다, 깨우다	woke	woken
79	wear 입고[신고/쓰고] 있다	wore	worn
80	win 이기다	won	won
81	write 쓰다	wrote	written

학습 스케줄

Day 01 월 일

동사+ed

1 act
2 add
3 answer
4 ask
5 borrow
6 brush
7 call
8 check
9 cheer

Day 02 월 일

동사+ed

10 clean
11 climb
12 collect
13 cook
14 cover
15 cross
16 delay
17 enjoy
18 enter

Day 03 월 일

동사+ed

19 fail
20 fill
21 finish
22 fix
23 happen
24 help
25 join
26 kick
27 kill

Day 04 월 일

동사+ed

28 learn
29 listen
30 look
31 miss
32 need
33 open
34 paint
35 pass
36 pick

Day 05 월 일

동사+ed

37 play
38 point
39 push
40 remember
41 return
42 shock
43 sound
44 start
45 stay

Day 06 월 일

동사+ed

46 talk
47 thank
48 turn
49 visit
50 wait
51 want
52 wash
53 watch
54 work

Day 07 월 일

동사+d

55 agree
56 arrive
57 bake
58 believe
59 change
60 close
61 decide
62 die
63 divide

Day 08 월 일

동사+d

64 invite
65 lie
66 live
67 love
68 move
69 save
70 smile
71 taste
72 use

Day 09 월 일

동사+ied

73 try
74 study
75 carry
76 hurry
77 marry
78 worry

자음반복+ed

79 drop
80 shop
81 stop

Day 10 월 일

AAA

82 cut
83 shut
84 hurt
85 put
86 hit
87 let
88 set
89 cost
90 read

Day 11 월 일

ABA

91 become
92 come
93 run

ABB

94 hang
95 dig
96 sit
97 win
98 meet
99 feed

Day 12 월 일

ABB

100 lead
101 find
102 hold
103 lose
104 build
105 send
106 spend
107 have
108 make

Day 13 월 일

ABB

109 hear
110 stand
111 understand
112 sell
113 tell
114 feel
115 leave
116 keep
117 sleep

Day 14 월 일

118 lay
119 pay
120 say
121 buy
122 bring
123 catch
124 fight
125 teach
126 think

Day 15 월 일

ABC

127 begin
128 drink
129 ring
130 sing
131 sink
132 swim
133 be
134 do
135 go

Day 16 월 일

ABC

136 drive
137 ride
138 rise
139 write
140 give
141 bite
142 hide
143 fall
144 eat

Day 17 월 일

ABC

145 steal
146 bear
147 tear
148 wear
149 take
150 wake
151 shake
152 get
153 forget

Day 18 월 일

ABC

154 break
155 speak
156 choose
157 fly
158 see
159 draw
160 grow
161 know
162 throw